CRM-Prozesse erfolgreich implementieren

Transferierung komplexer Geschäftsprozesse in technologische Abläufe

-

Optimale Anwendung des Business Engineering und Requirements Engineering

von

Lars Brodersen

Hinweise für die Benutzer

Die Benutzung dieses Buches und die Umsetzung der darin enthaltenen Informationen erfolgen ausdrücklich auf eigenes Risiko. Haftungsansprüche gegen den Autor für Schäden, die durch die Nutzung oder Nichtnutzung der Informationen bzw. durch die Nutzung fehlerhafter und/oder unvollständiger Informationen verursacht wurden, sind grundsätzlich ausgeschlossen. Rechts- und Schadenersatzansprüche sind daher ausgeschlossen. Das Werk inklusive aller Inhalte wurde unter größter Sorgfalt erarbeitet. Der Autor übernimmt keine Haftung für die Aktualität, Richtigkeit und Vollständigkeit der Inhalte des Buches, ebenso nicht für Druckfehler. Für die Inhalte der in diesem Buch abgedruckten Internetseiten sind ausschließlich die Betreiber der jeweiligen Internetseiten verantwortlich. Der Autor hat keinen Einfluss auf Gestaltung und Inhalte fremder Internetseiten und distanziert sich von allen fremden Inhalten. Zum Zeitpunkt der Verwendung waren keinerlei illegale Inhalte auf den Webseiten ersichtlich.

Bibliografische Information der Deutschen Nationalbibliothek

Die Deutsche Nationalbibliothek verzeichnet diese Publikation in der deutschen Nationalbibliografie. Detaillierte bibliografische Daten sind im Internet über <http://dnb.ddb.de> abrufbar.

1. Auflage 2018

© by Lars Brodersen, Hamburg
Printed in Germany

ISBN: 978-3-00-057833-5

Vorwort

Die Überführung von unternehmensindividuellen Geschäftsprozessen in ein CRM-System ist ein komplexes Vorhaben, das häufig nicht erfolgreich gelingt. Das liegt zum einen daran, dass die Quote an IT-Projekten, die als gescheitert betrachtet werden, bereits sehr hoch ausfällt. Doch selbst ein hinsichtlich Qualität, Zeit, Ressourcen sowie Finanzmittel erfolgreich absolviertes Projekt bedeutet nicht zwangsläufig, dass die Transformation der Arbeitsabläufe in ein System geglückt ist. Meist können die Anwender dann nicht angemessen mit dem CRM-System arbeiten, was durch eine Verschlagwortung, z. B. als „benutzerunfreundliches System", oft den Blick auf die unterschiedlichen Ursachen beeinträchtigt. Bei der Betrachtung einer Vielzahl an Projekten wird allerdings deutlich, dass eine gescheiterte Transformation nicht an die Projektgröße (klein, mittel oder groß), die Art des Projektes (z. B. Migrationsprojekt, Neueinführung, Ablösung Alt-System etc.), das Anwendungsgebiet (Vernetzung verschiedener Systeme, Prozessorientierung etc.) oder andere Faktoren gebunden ist. Auch die Wahl des (richtigen) Vorgehensmodells im Projekt zeigt häufig nicht den gewünschten Effekt im Sinne einer gelungenen Detailimplementierung der Prozesse.

Die Ursachen sind vielfältig, jedoch häufig darin begründet, dass die komplexen Details der Unternehmensaktivitäten, die zusätzlich zu einem großen Teil aus persönlicher Interaktion bestehen, nicht in einen technologischen Ablauf umgewandelt wurden. In den wenigsten Fällen geschieht dies durch Unfähigkeit, sondern weil es an Erfahrung und Struktur mangelt, zu erkennen, wie der damit einhergehenden Komplexität beizukommen ist. Dieses Buch dient dem Ziel, sowohl eine passende Struktur als auch Kenntnisse zu vermitteln, um Untiefen zu vermeiden und zum erfolgreichen Gelingen der Implementierung beizutragen. Als zweckdienlich für die strukturelle Komponente werden deshalb alle theoretischen Details zum Business Engineering und Requirements Engineering beschrieben. Zur Vermittlung lösungsorientierter Handlungskompetenzen wird jeder Prozess anhand eines Beispieles beschrieben und dessen theoretischer Inhalt praxisnah verdeutlicht.

Inhaltsverzeichnis

Aufbau des Buches 1

1. Begriffe und Grundlagen 2

    Begriffe 3

    Komplexität 6

    Business Engineering 8

    Requirements Engineering 9

    Das CRM-Transferpotenzial 10

    Übliche Probleme bei der Implementierung 13

    Praxisbeispiel 16

2. Anwendung der Abläufe 18

    Business Engineering – Organisationsebene 21

        1. Modellierung der Einzelprozesse 22

        2. Informationsflüsse und -objekte 26

        3. Trigger für Prozessstartpunkte 30

        4. Abfolgen, Schleifen und Verzweigungen 34

        5. Prozessendpunkte benannt 38

        6. Praxistauglichkeit 42

        7. Benennung von Verantwortlichkeiten 46

        8. Abgleich zwischen den Interessenvertretern 50

        9. Prozesslandkarte verfügbar 52

        10. Abgleich mit Wertschöpfungsziel 56

    Business Engineering – Systemebene 59

        1. Kommunikationsein- u. -ausgänge 60

        2. Konzeption der Informationskette 64

3. Abteilungsübergreifende Knotenpunkte 68

4. Mobiler Zugang zu CRM-Informationen 72

5. Dokumentenablage spezifiziert 76

6. Systemschnittstellen und Datenaustausch 78

7. Machbarkeitsstudie 80

8. Rückübermittlung von Informationen 84

9. Klärung der Adaptionsnotwendigkeit 88

10. Machbarkeitsnachweis 92

Requirements Engineering – Problemstellung 97

1. Problem- anstelle Lösungsbeschreibung 98

2. Benennung von Praxisbeispielen 102

3. Sonderfälle 106

4. Markt- und Branchenkenntnisse 110

5. Benennung der Akzeptanzkriterien 114

6. Spezifizierung von Kollaborationen 118

7. Fit-Gap-Analyse 122

8. Beschreibung von Anwendungsfällen 126

9. Erstellung des Pflichtenheftes 130

10. Datenmigration, -mapping und -remodulation 134

Requirements Engineering – Technischer Erkenntnisgewinn 139

1. Gemeinsame Sprache 140

2. Allgemeine Anforderungen an das Reporting 142

3. Richtlinie für die Implementierung 146

4. Statik, Dynamik und Logik des Systems 150

5. Niedrigschwelligkeit und Prozessautomatisierungen 154

6. Kalkulation und Aggregation 158

7. Informations- und Medienbrüche 160

8. Detaillierung der Berechtigungsvergabe 164

9. Konzeptionierung des Datenmodells 166

10. Überführung in den Live-Betrieb 168

3. Steuerung der Abläufe 172

Die Transferpotenzialmatrix 173

Interaktionen zwischen den Abläufen 177

Anwendung für eine Vorstudie 179

Abbildung des Status Quo der Prozesse im Projekt 182

Erfolg durch Harmonisierung 186

Zusammenarbeit innerhalb des Unternehmens 187

Zusammenarbeit zwischen Unternehmen und Beratern 188

Dokumentation zur Risikominimierung 189

4. Kritische Würdigung 190

5. Schlusswort 198

Anhang 200

Literatur- und Quellenverzeichnis 201

Abbildungsverzeichnis 203

Tabellenverzeichnis 205

Probleme bei der Implementierung 206

Übersicht der Praxisbeispiele nach Abläufen 210

Sachverzeichnis 212

Aufbau des Buches

In dem ersten Kapitel *1. Begriffe* und seinen Abschnitten werden die wichtigsten Begriffe erklärt und eine Einordnung vorgenommen. Hierbei geht es darum, die Zusammenhänge zwischen den Begriffen zu verdeutlichen und ihre Abhängigkeiten herauszustellen. Das betrifft hauptsächlich die Begriffe des *Business Engineering* und des *Requirements Engineering*. Gleichzeitig wird aber auch der Begriff der *Komplexität* berücksichtigt, weil sich daraus die Notwendigkeit für die Vorgabe einer Struktur zum Vorgehen und dem gegenseitigen Erfahrungsaustausch ableitet. Zugleich werden häufig auftretende *Probleme bei der Implementierung* beschrieben. Daran anschließend wird das *CRM-Transferpotenzial* definiert, um dessen Erhöhung es in diesem Buch gehen soll. Im letzten Abschnitt werden *Praxisbeispiele* formuliert, welche ebenso die Grundlage aller Ablaufbeschreibungen des zweiten Kapitels bilden.

In dem zweiten Kapitel *2. Anwendung der Abläufe* wird ein Vorschlag unterbreitet, wie eine praxisnahe Umsetzung anhand des *Business Engineering* und *Requirements Engineering* aussehen kann.

Obwohl in dem zweiten Kapitel die Praxisbeispiele detailliert beschrieben werden, benötigt eine erfolgreiche Implementierung auch eine gezielte Steuerung und einen Abgleich zwischen den Prozessen und der dafür erarbeiteten Details. Daher wird in den Abschnitten des dritten Kapitels eine Idee vermittelt werden, wie dies im Alltag aussehen kann. Vorangestellt ist diesem eine Risikoanalyse, um die Bedeutung des CRM-Transferpotenzials selbst und der Ablaufsteuerung im Rahmen des Projektes hervorzuheben. Dazu wird das CRM-Transferpotenzial in eine Matrix überführt und mit Risikoklassen versehen. So kann, während in dem ersten Kapitel das Ziel des CRM-Transferpotenzials erklärt wird, in dem letzten Kapitel ein zu erwartendes Ergebnis aufgezeigt werden, wenn die Ablaufinhalte des zweiten Kapitels nicht angewendet werden. Dem folgen eine kritische Würdigung, um die Grenzen der in diesem Buch vorhandenen Inhalte aufzuzeigen, das Schlusswort und relevante Anhänge.

1. Begriffe und Grundlagen

Wie bereits in dem einleitenden Kapitel beschrieben, widmet sich dieses Kapitel ausgewählten Begrifflichkeiten und ihren Details bzw. Besonderheiten. Die Klärung sowie Einordnung und Bewertung dieser Begriffe dient, zusammen mit den üblichen Problembeschreibungen im Projektgeschehen, als Grundlage für eine erfolgreiche Umsetzung. Dazu wird in dem zweiten Abschnitt der Begriff Komplexität beschrieben. Diese kann sehr vielfältig auftreten und nicht immer ist es angemessen, in vielen Fällen sogar kontraproduktiv, diese in ihrer vollständigen Erscheinungsform abzubilden. Denn selbstverständlich, um kurz vorzugreifen, soll ein Datenmodell die Realität widerspiegeln, jedoch nicht auf Kosten des Projekterfolges. Diese Komplexität verlangt nach einer strukturierten Vorgehensweise zur zielorientierten Bewältigung, woraus sich dann der Übergang zu den Abschnitten drei (*Business Engineering*) und vier (*Requirements Engineering*) ergibt. In diesen beiden Abschnitten werden die Konzepte kurz vorgestellt, die Verortung gegenüber anderen Konzepten vorgenommen und ihre Inhalte eingängig umrissen. Dabei beschränkt sich die Darstellung auf die hier notwendigen Inhalte, nicht um Details zu verschleiern oder tendenziös zu argumentieren, sondern um oben genannte Komplexität auch in diesem Buch beherrschbar zu machen.

Der fünfte Abschnitt (*Das CRM-Transferpotenzial*) beinhaltet eine Begriffsbestimmung und erläutert das zu erreichende Ziel, für das die Inhalte dieses Buches Hilfestellung bieten sollen. Um eine möglichst praxisnahe Beschreibung zu ermöglichen, enthält der sechste Abschnitt (*Übliche Probleme bei der Implementierung*) eine Auflistung gängiger Stolpersteine. Diese werden im zweiten Kapitel aufgegriffen, um in allen Abschnitten darzustellen, wie diese vermieden werden können. Der siebte Abschnitt (*Praxisbeispiel*) beschreibt einen Musterprozess, der als Grundlage dient, um die theoretischen und praktischen Inhalte zu veranschaulichen. Das Beispiel aus der Praxis wird nicht alle Facetten aus der Praxis abdecken können, soll aber ein Transformationsbeispiel liefern, um die Umsetzung für den Leser verständlicher zu gestalten.

Begriffe

In diesem Buch werden mehrere Begriffe verwendet, die teilweise einen synonymen Charakter aufweisen. Gleichzeitig werden auch unbekannte Begriffe verwendet oder in einem engeren Sinn verstanden. Um Irritationen zu vermeiden, soll jedem ausgewählten Begriff eine kurze Erklärung vorangestellt werden.

Begriff	Definition
Ablauf	Abläufe selbst sind Unterprozesse von Ebenen (z. B. vom Business Engineering). Da sie die Prozesstransformation als Gegenstand behandeln, sind sie selbst nicht als „Prozess" benannt worden, um Irritationen zu vermeiden.
Bedeutung	Die Wertigkeit eines Merkmals, die sich aus qualitativen und quantitativen Besonderheiten zusammensetzt.
Benutzeroberfläche	Der Begriff kennzeichnet die Schnittstelle zwischen Mensch und Maschine.
BI	BI steht für Business Intelligence und somit für Verfahren und Vorgänge zur Datenanalyse.
Business Engineering	Für eine genaue Spezifikation siehe Abschnitt *Business Engineering*. Es besteht aus drei Ebenen: Strategie-, Prozess- und Systemebene.
Concept on innovation system	Das Konzept verdeutlicht die Umkehr eines tradierten Musters in der Informationstechnologie (IT). Während meist Anforderungen mit dem Ziel der Umsetzung definiert wurden, sind technologische Neuerungen heute Innovationstreiber im Unternehmen und nicht die Mitarbeiter der Abteilungen.
CRM	Customer Relationship Management, dt. Kundenbeziehungsmanagement. Für eine nähere Spezifikation siehe Abschnitt *Die Transferpotenzialmatrix*.
CRM-Projekt	Dies kann sowohl ein Projekt sein, das auf ein CRM-System fokussiert, aber auch auf ein Pro-

	jekt in einem Nicht-CRM-System mit kundenbezogenen Prozessen. Gemeint ist hier beides, weil das CRM-Transferpotenzial für kundenbezogene Prozesse gilt und nicht systembezogen konzeptioniert ist.
DMS	Dokumentenmanagementsystem. Ein System bzw. eine Anwendung, um Unterlagen (Verträge, Angebote, Rechnungen etc.) zu speichern.
Durchführungskompetenz	Der Rahmen, in dem eine verantwortliche Person mit Rechten und Pflichten versehen ist, um einer Rolle gerecht zu werden.
Erkenntnisgewinn	Die zweite Ebene des Requirements Engineering.
Grafische Benutzeroberfläche	Der Begriff umfasst die grafischen Elemente zur Unterstützung der Mensch-Maschine-Interaktion, wodurch Interaktionen vereinfacht werden (z. B. Button anstelle Programmzeile).
Grundsätze ordnungsmäßiger Modellierung (GoM)	Eine formulierte Richtlinie zur Sicherstellung der Qualität von Informationsmodellen.
Hochschwelligkeit	Die Eigenschaft der Software bei der Abbildung von komplexen Geschäftsprozessen, sodass Anwender ein nicht geringes Verständnis der systemseitigen Prozessarchitektur und der Vielzahl an notwendigen Funktionen zur Datentransferierung kennen müssen.
Komplexität	Für eine genaue Spezifikation siehe Abschnitt *Komplexität*.
Kontextadaptionsmöglichkeit	Die Fähigkeit des CRM-Systems, in seiner Gesamtheit (z. B. mit seinen Funktionen, aber auch im Systemverbund) den Anforderungen unterschiedlicher Alltagsszenarien zu entsprechen.
Niedrigschwelligkeit	Die Eigenschaft der Software bei der Abbildung von komplexen Geschäftsprozessen, sodass Anwender diese intuitiv verstehen und bedienen können.

Organisationsebene	Die zweite Ebene des Business Engineering nach der Strategieebene.
Problemstellung	Die erste Ebene des Requirements Engineering.
Prozesse	Prozesse in diesem Buch sind Geschäftsprozesse, die es zu transformieren gilt, sodass aus einem Wertschöpfungsprozess im Unternehmensalltag ein technologisches Spiegelbild im CRM-System entsteht.
Relevanz	Eine qualitative Besonderheit eines Merkmals, die deren Bedeutung kennzeichnet.
Requirements Engineering	Für eine genaue Spezifikation siehe Abschnitt *Requirements Engineering*. Es besteht aus den Ebenen Problemstellung und Erkenntnisgewinn.
Risiko	Alle Begebenheiten, die ein Scheitern ermöglichen bzw. die erfolgreiche Transferierung in einen technologischen Ablauf minimieren.
Strategieebene	Die oberste Ebene des Business Engineering.
Systemebene	Die dritte Ebene des Business Engineering nach der Organisationsebene (zweite Ebene).
Transferpotenzial	Für eine genaue Spezifikation siehe Abschnitt *Das* CRM-Transferpotenzial.
Transferpotenzialmatrix	Eine grafisch-tabellarische Übersicht der Risikoklassen für das Transferpotenzial bei Nichteinhaltung der Ablaufinhalte.
Wichtigkeit	Eine quantitative Besonderheit eines Merkmals, die deren Bedeutung kennzeichnet.

Tabelle 1: Begriffe und ihre Definitionen

Komplexität

Dem lateinischen Ursprung nach bezeichnet Komplexität die Gesamtheit aller Merkmale oder Möglichkeiten. In der heutigen Zeit wird es eher mit dem Synonym *Vielschichtigkeit* gleichgesetzt. Diese stellt in CRM-Projekten eine große Herausforderung dar, weil verschiedene Formen der Komplexität beachtet werden müssen:

- Organisationskomplexität: Bezugnehmend auf CRM-Projekte zeigt sich Komplexität immer dann, wenn eine große Anzahl von Personen zu einem hohen Grad in einer arbeitsteiligen Organisation zusammenwirkt
- Variantenkomplexität: Das Angebot erklärungsbedürftiger Produkte sowie einer hohen Zahl an Varianten (Teilekomplexität) oder vielfältiger Dienstleistungen geht mit einer eigenständigen Form der Komplexität einher
- Kundenkomplexität: Verschiedene Konditionssysteme, auch beruhend auf z. B. der Produktvielfalt, und/oder die Beziehungen zu sehr unterschiedlichen Gruppen von Kunden bzw. im Rahmen eines Firmennetzwerkes fördern Komplexität
- Zielkomplexität: Aus den unterschiedlichen Zielen entsteht ein komplexes Gebilde, weil diese in Zusammenhang gebracht werden müssen. Diese Komplexität des Zielsystems (gemeint ist nicht das System, sondern der Verbund aus Zielen mit ihren jeweiligen zugrundeliegenden Zielen) wirkt sich aber auf die technologische Abbildung im System aus. Denn dieses repräsentiert die operativen Prozesse, die als Ziel beinhalten, ökonomisch zu wirtschaften, gleichzeitig aber viele Neukunden zu gewinnen und das Bestandskundengeschäft zu optimieren
- Koordinationskomplexität: Diese verschiedenen Formen der Komplexität zu beherrschen, generiert eine eigene Form der Komplexität

Diese Konstellation schlägt sich auch in den Geschäftsprozessen nieder, die als technologische Abläufe nachgebildet werden sollen. Solche und andere externe Faktoren fördern jedoch, neben der vordergründigen Herausforderung, die Geschäftsprozesse zu implementieren, ein hohes Risiko des Scheiterns im IT-Projekt. Eine hohe Komplexität darf deshalb aber nicht verringert werden, auch wenn dies der erste naheliegende Rückschluss ist. Denn komplexe Systeme erhalten sich selbst stabil, weil die in längerer Zeit erstellten Prozesse in Wechselwirkung mit anderen internen, aber auch externen Prozessen getreten sind. Zumal ein Unternehmen auch nicht die Möglichkeit besitzt, Einfluss auf alle Facetten zu nehmen und eine Änderung zu bewirken.

Allerdings muss auch eine Trennlinie zwischen *Komplexität* und *Kompliziertheit* gezogen werden. Denn wenn etwas *kompliziert* ist, fehlen i. d. R. die Ordnungszustände, z. B. verstandene und gelebte Prozesse. Bei *komplizierten* Sachverhalten kann also die damit einhergehende Undurchsichtigkeit und Unverständlichkeit auf Detailebene verringert werden. Wirkliche *Komplexität* kann aber nur in seiner Gesamtheit, nicht punktuell gemindert werden. Die Inhalte dieses Buches sind also auch darauf ausgerichtet, komplexe Zustände ausreichend hinterfragen und technologisch reproduzieren zu können, um den Verbund von komplexen Sachverhalten in seiner Gesamtheit abzubilden. Durch die strukturierte Vorgehensweise wird aber auch offengelegt, wenn es kein erkennbares Ordnungsgefüge gibt. Dies lässt auf etwas *Kompliziertes* schließen, das entweder vereinfacht oder richtig in das bestehende komplexe System integriert werden muss.

Dementsprechend erfolgt mit diesem Buch ein praxisnaher Versuch einer Operationalisierung von Komplexitätsbeherrschung. Ob dieser Versuch gelingt oder überzeugt, wird schlussendlich die Erprobung in der Praxis zeigen. Gleichwohl sei angeführt, dass ein rein formales Konstrukt nicht zielführend sein kann, sondern immer im Rahmen von Kollaborationen und Teamarbeit bewerkstelligt werden muss.

Business Engineering

Das Business Engineering ist ein Konzeptmix aus verschiedenen Teilbereichen (u. a. Changemanagement, Innovationsmanagement etc.) und der Lehre zur strukturierten Durchführung von Veränderungsvorhaben. Ziel ist es, Komplexität beherrschbar zu machen und nach Maßstäben des Ingenieurwesens eine Transformation von Problemen im Geschäftsprozess hin zu technologischen Lösungen einzuleiten.

Von den drei möglichen Ebenen des Business Engineering wird hier der Blick allein auf die Organisations- und Systemebene gelegt. Das soll die Bedeutung der darüber liegenden Ebene, die der Strategieebene, nicht minimieren. Für die Übersetzung eines Geschäftsprozesses in einen technologischen Prozess in einem (CRM-)System hat sich in der erlebten Praxis lediglich keine dringende Notwendigkeit gezeigt. Auch wenn die Benennung der relevanten Kundenprozesse, die Aufzählung der Kernkompetenzen, die Benennung relevanter Partner und der Wettbewerbsposition, also die Strukturierung der Wertschöpfung, wichtige Implikationen liefern.

Die beiden Ebenen und ihre jeweiligen Unterschiede und Details werden in dem Kapitel *2. Anwendung der Abläufe* genauer beschrieben. Vorweg soll deshalb hier nur eine Gemeinsamkeit formuliert werden, die auch Anwendung bei den Ebenen des Requirements Engineering gefunden hat: Beide Ebenen sind in jeweils zehn Abläufe unterteilt und diese in eine Abfolge gebracht. Die Definition der Abläufe und deren Folgen ergeben sich zu einem großen Teil aus der Definition des Business Engineering. Ebenso sind Einflüsse aus der Praxis und die Erkenntnis über Vor- und Nachteile von z. B. verschiedenen Abfolgen eingeflossen. Dementsprechend ist der Leser an dieser Stelle frei in seiner Entscheidung, eine andere Abfolge oder sogar andere Abläufe zu definieren. Die Auflistung in diesem Buch kann nur eine Empfehlung auf Basis von Erfahrungen sein.

Eine Abgrenzung zu anderen Themengebieten wird in der kritischen Würdigung am Ende dieses Buches berücksichtigt.

Requirements Engineering

Das Requirements Engineering beinhaltet die Identifizierung, Spezifizierung und Prüfung von Anpassungen und Einstellungen (Eigenschaften) einer Software. Dabei stellen die Anforderungen, benannt durch die Abteilungen im Unternehmen, die Grundlage für die Eigenschaften des CRM-Systems dar.

Das Requirements Engineering setzt sich aus zwei Ebenen (Problemstellung und Erkenntnisgewinn) zusammen, die, ebenso wie beim Business Engineering, in jeweils zehn aufeinanderfolgende Abläufe unterteilt sind. Ebenso wie für das Business Engineering sind die beiden Ebenen ausführlich in den dafür vorgesehenen Abschnitten beschrieben. Vorweg lässt sich aber festhalten, dass es auf die Arbeitsergebnisse des Business Engineering reagiert und die Resultate weiter detailliert und genauer beschreibt. Auf diese Weise ist eine erfolgreiche technologische Abbildung möglich. Während es beim Business Engineering verschiedene Ansätze gibt (hier wird dem Ansatz von St. Gallen gefolgt), ist das Requirements Engineering eingebettet in das Anforderungsmanagement (eine Detailebene darunter) und das Requirements Management (eine Ebene darüber). Es geht hier also weniger um die Wahl des Vorgehens wie beim Business Engineering, als vielmehr um die Festlegung der Tiefe der Betrachtung.

Mit der Entscheidung für das Requirements Engineering anstelle der darüber- oder darunterliegenden Dimension wird der Schwerpunkt auf die Meso-Ebene der Detaillierung gelegt. Dies gilt es deshalb zu beachten, weil z. B. die Berücksichtigung von Qualitätsmaßnahmen im Anforderungsmanagement bedeutend ausführlicher stattfindet als im Requirements Engineering. Gegebenenfalls ist es für den Leser empfehlenswert, sich zunächst einen kurzen Überblick über das Requirements Management oder das Anforderungsmanagement zu verschaffen, um mögliche Lücken im Hinblick auf die speziellen (individuellen) Projektanforderungen frühzeitig aufzudecken. Auch hierfür ist eine Abgrenzung zu anderen Themengebieten in der kritischen Würdigung am Ende dieses Buches enthalten.

Das CRM-Transferpotenzial

Das CRM-Transferpotenzial nach Idee des Autors setzt sich aus den drei Wörtern Kundenbeziehungsmanagement (engl. **CRM**), **Transfer** und **Potenzial** zusammen.

Beim Kundenbeziehungsmanagement (engl. Customer Relationship Management, kurz: **CRM**) steht die Optimierung der Kundensituation im Fokus. In Fokus des Buches stehen dabei hauptsächlich die Prozesse in den Abteilungen mit dem größten Interaktionsaufwand mit und für Kunden, z. B. das Marketing, den Vertrieb und die Serviceabteilung. Die Unterstützung der Mitarbeiter muss dabei für die analytischen, kommunikativen, kollaborativen sowie operativen Prozesse und daraus resultierende Tätigkeiten erfolgen, da diese, anders als strategische Prozesse, spürbar von den Kunden registriert (Wahrnehmung) werden.

Wenngleich es eine große Anzahl an CRM-Systemen gibt, die speziell darauf ausgelegt sind, die kundenbezogenen Prozesse mit Funktionen zu unterstützen, sollte nicht vergessen werden, dass auch andere Systeme dahingehend optimiert werden können.

Die Zusammensetzung des Wortes bezieht sich des Weiteren auf die **Transferierung**, im Sinne einer Überführung von Geschäftsprozessen in technologische Abläufe. Ziel ist die unter Kostenaspekten und situationsgerechter Bedienbarkeit (Adäquatheit) möglichst realgetreue Abbildung (Adaption) verschiedener Alltagsszenarien (Kontext) im (CRM-)System. Die Zielerreichung hängt dabei von verschiedenen Einflüssen des Alltags (Umgebungsvariablen) auf das Projektgeschehen ab, sodass die jeweils bestmöglichen Schrittfolgen zur Bearbeitung der anfallenden Aufgaben (Abläufe) so zusammengestellt werden müssen, dass ein Risiko des Scheiterns bei der Transferierung minimiert wird. Da die Umgebungsvariablen sich von Projekt zu Projekt unterscheiden, sind die Abläufe zur Transferierung unterschiedlich. Dementsprechend sind die für einzelne Phasen minimal notwendigen und maximal erfolgversprechenden Tätigkeitsbeschreibungen (Abläufe) eine Zusammenstellung als Reaktion auf die unterschiedlichen Erfordernisse in Projekten. Sie symbolisieren also die ideale Auswahl zur Senkung des Risikos eines Scheiterns der Transferierung unter Berücksichtigung der individuellen Erfordernisse im Projekt.

Das **Potenzial**, als dritter Baustein, beinhaltet das Verständnis des Zusammenspiels aus Ressourcen und Leistung zur Optimierung der Vorgehensweise. Die Ressourcen beschreiben die zur Verfügung stehenden Fähigkeiten und Mittel. Dabei stellen die Fähigkeiten das vorhandene Wissen und die Mittel den Einsatz von Konzepten, Verfahren und Methoden dar. Die Ressourcen sollen eingesetzt werden, um ein qualitativ hochwertiges Ergebnis unter optimalem Einsatz von Arbeitsaufwand und Zeiteinsatz (Leistung) zu erbringen. Die Leistung zielt darauf ab, den Erkenntnisgewinn zu erhöhen, um Unsicherheiten (z. B. aufgrund von fehlendem Wissen) auszugleichen. Das Potenzial beschreibt demnach die Optimierungsmöglichkeit, neue bzw. verbesserte Ressourcen so einzusetzen, dass die Leistung erhöht wird. Die Optimierung besteht darin, die Ressourcen möglichst effektiv, also in dem Moment, in dem sie gebraucht werden, einzusetzen, um die Leistungserbringung zu verbessern.

Das CRM-Transferpotenzial symbolisiert somit die optimale Erbringung von Leistung, resultierend aus einem effektiven Ressourceneinsatz, bei den von Kunden unmittelbar wahrnehmbaren Prozessen. Es beinhaltet eine adäquate Kontextadaption komplexer Geschäftsprozesse und ihrer Umgebungsvariablen als technologische Abläufe in einem System, das notwendigerweise, aber nicht ausschließlich, zur Verbesserung der Kundensituation beiträgt.

Dieses Buch konzentriert sich allerdings vorwiegend auf CRM-Systeme, auch wenn das Konstrukt des CRM-Transferpotenzials auf andere Systeme mit CRM-Komponenten anwendbar sein soll.

Die Inhalte dieses Buches sollen also Fähigkeiten fördern und Mittel beschreiben, die notwendig sind, um Geschäftsprozesse im richtigen Moment so zu analysieren und in ihrer vollständigen Komplexität zu bearbeiten, dass die Mitarbeiter eines Unternehmens im Austausch mit Kunden technologisch optimal und situationsgerecht unterstützt werden. Da Projekte risikobehaftet sind, muss dafür eine strukturierte Bearbeitung erfolgen.

Damit das CRM-Transferpotenzial die Notwendigkeit der Steuerung unterstützen kann, ist in dem Kapitel *3. Steuerung der Abläufe* im Abschnitt *Die Transferpotenzialmatrix* eine Darstellung enthalten, wie die Bestandteile dieses Buches, dargestellt an einem Beispiel, zu einer Risikominimierung beitragen können.

Übliche Probleme bei der Implementierung

Hier findet der Leser, alphabetisch aufgelistet, eine Übersicht der gängigen Probleme bei der Implementierung von komplexen Prozessen. Diese Liste erhebt keinen Anspruch auf Vollständigkeit, soll aber möglichst die Realität widerspiegeln.

Die einzelnen Punkte werden in den Ablaufbeschreibungen aufgegriffen und dort anhand von praktischen Beispielen konkretisiert. Für eine Übersicht, welche Probleme in welchen Abläufen detailliert bzw. verwendet werden, ist dem Anhang im Abschnitt *Probleme bei der Implementierung* eine entsprechende Zuordnung zu den Abläufen beigefügt. Diese ist für den anwendungsorientierten Leser bestimmt, um bei auftretenden Problemen oder Fragen im Buch nachzuschlagen und Anregungen aufzugreifen, die bei der Bewältigung oder Beantwortung hilfreich sind.

- Ablenkung: Schwierigkeiten im Unternehmensalltag können zum Hindernis im Projekt werden, wenn sie viele Ressourcen unnötig binden
- Datenqualität: Es mangelt an einer Struktur für Daten und die (fachliche und technologische) Hoheit ist nicht geklärt
- Differenzierung: Die Beschreibungen sind zu verallgemeinernd und eine notwendige Gliederung, die Auswirkung auf die Prozessbeschreibung mit sich bringt, bleibt aus
- Gewichtung: Die Schwerpunkte werden unbewusst so gelegt, dass eine Zielerreichung erschwert oder sogar verhindert wird.
- Gewohnheit: Bestehende Zustände oder Gegebenheiten werden hingenommen und nicht in Frage gestellt. Damit sind keine innovativen Fortschritte mehr möglich
- Informationsqualität: Die Daten stehen nicht allen Personen oder Instanzen zur Verfügung, sodass diese auf Umwegen beschafft werden müssen
- Kenntnis: Für die Detaillierung komplexer Prozesse werden Personen beauftragt, die sich nicht mit den Details auskennen

- Kontextbezug: Die Prozessbeschreibungen spiegeln die Wichtigkeit und/oder die Komplexität des Unternehmens nicht ausreichend wider. Oder aber: Die Implementierungen widersprechen den Prinzipien der Softwareökonomie oder Verhältnismäßigkeit
- Kundenbezug: Die Prozesse werden um ihrer selbst willen definiert, anstelle auf die Optimierung der Kundensituation abzuzielen
- Mitarbeiterakzeptanz: Die Systeme sind umständlich zu bedienen oder zu erreichen. Sie spiegeln nicht die operativen Arbeitserfordernisse wider
- Multidimensionalität: Umfassende Vorgänge werden unterschätzt und versucht, als Prozess zu erfassen, anstatt praxisnah zu beschreiben
- Präzision: Es wird entweder ein zu hoher oder zu niedriger Grad an Genauigkeit beschrieben
- Prinzipien: Es wird versäumt, Bestimmungen festzulegen, die für alle Projektbeteiligten bindend sind. Dies kann unterschiedliche Aspekte betreffen: von der Projektkommunikation bis hin zur Oberflächengestaltung des CRM-Systems. Gelegentlich erfolgt die Verabschiedung von Richtlinien auch zu spät
- Terminologie: Es liegt keine einheitliche Definition vor. Dadurch kommt es zu verschiedenartigen Interpretationen und einem unterschiedlichen Verständnis, anstatt der Nutzung von unmissverständlichen Begriffen
- Transparenz: Es ist nicht ersichtlich, in welchem Stadium ein Prozess sich befindet. Dadurch entsteht Handlungsunsicherheit
- Unterschätzung: Es kommt zu einer Fehleinschätzung hinsichtlich der Komplexität oder des Umfangs der Prozesse und deren Implementierung
- Zeitpunkt: Die richtige Aktion zum falschen Zeitpunkt kann Ressourcen binden und dadurch Probleme verursachen
- Zustimmung: Einverständnisse werden vorausgesetzt, anstatt mit den betroffenen (früh genug) Personen und Instanzen darüber zu reden

Aufgrund der Vielzahl an möglichen Problemen während der Implementierungsphase kann nicht für alle ein Beispiel in den Abläufen angewendet werden. Deshalb sind im Folgenden einige zusätzliche Problembeschreibungen formuliert, um diese zumindest einmal benannt zu haben:

- Bürokratie: Es werden zu viele Daten oder Informationen benötigt, um fortzufahren, sodass es zu Verzögerungen kommt
- Durchlaufzeit: Die Prozesswege sind zu lang oder werden durch umständliche Szenarien (Warte- oder Liegezeiten) verzögert
- Messbarkeit: Die Leistung des Prozesses kann nicht ermittelt werden, weil keine Kenngrößen festgelegt wurden
- Prozesskosten: Der Aufwand für den Durchlauf eines Prozesses ist zu groß, sodass dadurch eine Verlustsituation entsteht

Mit Blick auf die lange Liste der möglichen Probleme wird im Detail klarer, weshalb so viele IT-Projekte scheitern können. Auch deshalb ist es notwendig, die im nächsten Kapitel beschriebenen Abläufe einzuhalten, um den teilweise schwer nachvollziehbaren Problemen mit Kenntnis aller Details und größtmöglicher Erkenntnis begegnen zu können.

Praxisbeispiel

Auf der Basis des folgenden Beispiels sollen die Abläufe im Kapitel 2. *Anwendung der Abläufe* eine exemplarische Vorgehensweise im Projekt beschreiben. Die Teilprozesse des Beispiels werden allerdings an verschiedenen Stellen und nicht zwangsläufig direkt nacheinander aufgegriffen. Vielmehr wird für jeden Ablauf jeweils ein Teil des gesamten Beispiels gewählt, an dem sich die Besonderheiten besonders gut darstellen lassen.

Damit folgt der Autor nicht der üblichen Vorgehensweise in Büchern, ein konkretes Beispiel auszuwählen und dieses dann für alle Abläufe anzuwenden, sondern der Auffassung, dass die Alltagskomplexität eben genau aus der Herausforderung besteht, das große Ganze, trotz vieler kleiner Detailarbeiten, im Kopf zu behalten und am Ende zu einem funktionierenden Prozess und gebrauchstauglichen System zu kommen. Für dieses Buch kann das auch bedeuten, dass für Teile des Prozesses Fragen offenbleiben. Da die Prozesse in jedem Unternehmen unterschiedlich sind, sollte dies kein Problem darstellen, zumal die jeweiligen Untiefen der Teilprozesse trotzdem aufgegriffen und Erfahrungen vermittelt werden, um Stolperfallen vermeiden zu helfen.

Die Einzelprozesse für das Beispiel der Kundenbetreuung haben einen roten Faden und beginnen bei der *Kontaktaufnahme (im Rahmen einer Kampagne)* mit dem Kunden. Dem folgt eine Betrachtung der *Kontaktanlage mit Duplikatprüfung* und der sich daran anschließenden *Angebotserstellung*. Diese wird begleitet durch einen *Kreditcheck (mit Nachprüfung nach Einspruch)* sowie den Prozess der *Produkterstellung*. Die *Integration des Kunden in die Wertschöpfungskette* ist ebenso als (übergreifender) Prozess behandelt wie der *Wareneingang + Prüfung (+ Lagerung + Fertigung)*. Finalisiert wird der rote Faden durch die *Auftragsbearbeitung*.

Um die Übersicht zu erleichtern, ist dem Anhang eine Auflistung der Prozesse mit jeweiliger Beschreibung, in welchen Abläufen diese behandelt werden, beigefügt (siehe Abschnitt *Übersicht der Praxisbeispiele nach Abläufen* im Anhang).

2. Anwendung der Abläufe

In diesem Kapitel wird für die beiden Konzepte des Business Engineering und des Requirements Engineering und ihre jeweiligen Zielbereiche anhand eines 10-Stufen-Ablaufplans beschrieben, wie vorgegangen werden sollte. Da für beide Konzepte je zwei Zielbereiche relevant sind, ergeben sich daraus insgesamt 40 einzelne Abläufe. In der Überschrift sind diese jeweils so gekennzeichnet, dass vor der Bezeichnung die Nummer in der Abfolge steht.

Der Aufbau ist dann immer derselbe: Zuerst wird für die meisten Abläufe auf einer Seite kurz und prägnant beschrieben, was das theoretische Modell vorsieht. Auf der zweiten Seite wird diese Theorie dann meist als Visualisierung dargestellt. Auf der dritten Seite wird anhand des Beispieles aus dem theoretischen Teil eine praktische Transformationsanleitung geliefert, die dann jeweils auf der vierten Seite ebenso als Grafik dargestellt wird. So soll in Gegenüberstellung der beiden Texte (theoretisch und praktisch) und der beiden Detaillierungen (theoretisch und praktisch) gezeigt werden, wie die Umsetzung im Alltag aussehen kann und wo sich ggf. Abweichungen zwischen Theorie und Praxis ergeben können bzw. sollen.

Dieser Punkt ist auch insofern beachtenswert, weil ein apodiktisches Vorgehen gemäß Konzept wenig erfolgversprechend scheint. Zu speziell sind dafür die unternehmensindividuellen Besonderheiten, als dass man diese in ein formales Konstrukt zwängen könnte. Die beispielhaften Abweichungen sollen also eine pragmatische Freiheit in den Abläufen symbolisieren, sofern diese zum Erfolg der Implementierung beiträgt.

Sollte ein Ablauf sich nicht grafisch darstellen lassen, werden lediglich Theorie und Praxis als Beschreibung gegenübergestellt.

Konzepte	Zielbereiche	Abläufe	Theorie		Praxis	
			Text	Grafik	Text	Grafik
Business Engineering	Strategieebene					
	Organisations-ebene	1.	✓	✓	✓	✓
		2.	✓	✓	✓	✓
		3.	✓	✓	✓	✓
		4.	✓	✓	✓	✓
		5.	✓	✓	✓	✓
		6.	✓	✓	✓	✓
		7.	✓	✓	✓	✓
		8.	✓	✗	✓	✗
		9.	✓	✓	✓	✓
		10.	✓	✗	✓	✗
	Systemebene	1.	✓	✓	✓	✓
		2.	✓	✓	✓	✓
		3.	✓	✓	✓	✓
		4.	✓	✓	✓	✓
		5.	✓	✗	✓	✗
		6.	✓	✗	✓	✗
		7.	✓	✓	✓	✓
		8.	✓	✓	✓	✓
		9.	✓	✓	✓	✓
		10.	✓	✓	✓	✓
Requirements Engineering	Problem-stellung	1.	✓	✓	✓	✓
		2.	✓	✓	✓	✓
		3.	✓	✓	✓	✓
		4.	✓	✓	✓	✓
		5.	✓	✓	✓	✓
		6.	✓	✓	✓	✓
		7.	✓	✓	✓	✓
		8.	✓	✓	✓	✓
		9.	✓	✓	✓	✓
		10.	✓	✓	✓	✓
	Technischer Erkenntnisge-winn	1.	✓	✗	✓	✗
		2.	✓	✓	✓	✓
		3.	✓	✓	✓	✓
		4.	✓	✓	✓	✓
		5.	✓	✓	✓	✓
		6.	✓	✗	✓	✗
		7.	✓	✓	✓	✓
		8.	✓	✓	✓	✓
		9.	✓	✗	✓	✗
		10.	✓	✓	✓	✓

Abbildung 1: Aufbau der Buchinhalte

Business Engineering – Organisationsebene

Die folgenden zehn Abläufe befassen sich mit der Spezifikation der Organisation und der, für die Umsetzung der vorgegebenen Strategie notwendigen, Geschäftsprozesse.

Dabei wird die Organisation näher spezifiziert, indem die in ihr ablaufenden Prozesse so beschrieben werden, dass eine Umsetzung grundlegend vorbereitet wird. Der Kontext der Organisation wird immer dann beschrieben, wenn es um den Austausch zwischen Mitarbeitern des Unternehmens und deren Kunden geht und prozessrelevante Faktoren berücksichtigt werden sollen.

Was diese Ebene von der letzten Ebene des Business Engineering trennt, ist das Vorhaben, eine optimale Organisation und Wertschöpfung zu generieren. Die detaillierte Definition der Prozesse hat sich daran auszurichten. Die folgenden zehn Abläufe zeigen Mittel und Wege, um das Gestaltungsziel (optimale Organisation und Wertschöpfung) zu erreichen.

Wenngleich in diesem Buch die erste der drei Ebenen des Business Engineering, die Strategieebene, keine genaue Beschreibung erfährt, sind die darin erstellten Definitionen und Prozesse selbstverständlich elementar. Sie bilden die Grundlage für die zweite und dritte Ebene, dementsprechend auch für alle Abläufe im Rahmen des Requirements Engineering, dessen Ergebnisse von den Resultaten der Abläufe des Business Engineering maßgeblich beeinflusst werden.

1. Modellierung der Einzelprozesse

Zu Beginn geht es darum, einzelne Geschäftsprozesse, unabhängig davon ob sie einen gelebten Prozess im Alltag darstellen oder bisher nur als visionäre Vorstellung für die Zukunft existieren, zu modellieren.

Im Detail geht es darum, eine **Folge von Einzeltätigkeiten** abzubilden, die schrittweise ausgeführt werden müssen. Diese bilden also einen zusammenhängenden Prozess durch **logisch zusammenhängende Aktivitäten**.

Der Einzelprozess hat zwingendermaßen **ein Anfang und ein Ende** und die Teilschritte können bzw. müssen von anderen zusammenhängenden Schritten, die selbst wieder einen Einzelprozess darstellen, getrennt betrachtet werden.

Bezogen auf den Anfangspunkt des Prozesses sollte beachtet werden, dass die Beschreibung sowohl deterministisch, indeterministisch als auch stochastisch erfolgen kann. Eine deterministische Beschreibung legt fest, dass alle eintretenden Ereignisse eine Vorbedingung aufweisen müssen. Eine indeterministische Beschreibung sagt aus, dass Ereignisse auch unbestimmt, also ohne festgelegte Vorbedingung, auftreten können. Eine stochastische Beschreibung geht von einem zufälligen **Eintritt von Ereignissen** aus.

Weiterhin muss beachtet werden, dass ein Prozess abgeschlossen werden kann. Der **Abschluss eines Prozesses** ist dabei selbstverständlich nicht als ultimatives Ende zu verstehen, denn jeder Prozess ist lediglich ein Teil der gesamten Prozesslandkarte. Vielmehr sollen nur logische, verkette Einzelschritte in einem überschaubaren Bereich zusammengefasst sein.

Die **Granularität** dieser Einzelprozesse hat nur **Stichwortcharakter** und die Modellierung weist zum aktuellen Bearbeitungszeitpunkt noch **keinen IT-Bezug** auf.

Business Engineering - Organisationsebene

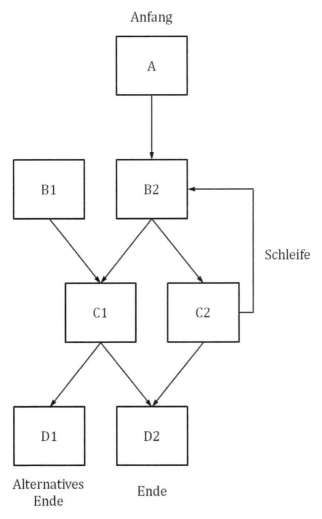

Abbildung 2: Kontaktanlage im CRM-System (BE-O-1-T)

Als erster Einzelprozess wird die Anlage eines neuen Kunden im CRM-System beschrieben. Den Anfang stellt dabei die Kontaktaufnahme dar, die hier selbst nicht weiter beschrieben wird, weil sie in einem anderen Einzelprozess festgehalten ist. Dort ist beschrieben, was passiert, wenn diese im Rahmen einer Kampagnendurchführung stattfindet und über welche Kanäle (z. B. Telefon, E-Mail, Social Media, Brief oder persönlich) die Kontaktaufnahme beidseitig initiiert werden kann.

Dieser Einzelprozess beinhaltet die Prüfung, ob bereits ein Kundendatensatz im System angelegt ist und wie, je nach Vorhandensein des Datensatzes, weiterverfahren (Neuanlage oder Aktualisierung) wird.

In diesem Fall hat jeder der Prozessschritte immer eine eindeutige Vorbedingung, denn **Datensätze werden nicht per Zufall oder ohne vorherige Aktion im System erstellt.** Als Prozessabschluss wird hier die Anlage des Datensatzes beschrieben, wobei in unserem Beispiel die Duplikaterkennung ein größerer Bestandteil des Prozesses ist, die Suche nach bestehenden Kontakten im System dagegen einen kleineren Teil ausmacht.

Dieser Unterschied ist deshalb beachtenswert, weil der Fokus dadurch mehr auf der Transaktion (Duplikatprüfung) liegt und weniger auf dem Anwender (Suche im CRM-System), der das System später bedient. So findet bereits in dieser frühen Phase des Projektes meist unbewusst bereits eine Fokussierung statt. Das bedeutet, dass bei der Modellierung der Einzelprozesse also auch Teile, die kein Bestandteil der Definition sind, wichtige Indikationen zum Verlauf der Implementierung geben.

Formal würde dieser Prozess also allen Anforderungen genügen. Es wird durch die unterschiedliche **Gewichtung der Einzelschritte im Prozess** aber auch deutlich, dass schon zu einem sehr frühen Zeitpunkt einige Stolpersteine lauern können. Denn wenn die Benutzerfreundlichkeit im Vordergrund steht, die später folgenden Abläufe aber einen Anknüpfungspunkt vermissen, kann dieser Punkt schnell an Aufmerksamkeit verlieren.

Business Engineering - Organisationsebene

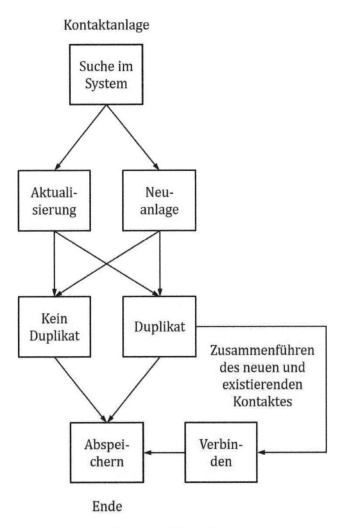

Abbildung 3: Kontaktanlage im CRM-System (BE-O-1-P)

2. Informationsflüsse und -objekte

Die bisher erstellten Einzelprozesse werden im nächsten Schritt genauer analysiert. Dazu werden die einzelnen Informationsobjekte über Symbole eindeutig klassifiziert und die verschiedenen Daten- und Informationsflüsse unterschiedlich gekennzeichnet.

Die **Symbole für die Informationsobjekte** können unterschieden werden nach **Ereignissen (passiv)** und **Aktionen (aktiv)**. Dabei ist ein Ereignis eine Art Zustandsbeschreibung, während eine Aktion daraus resultiert oder ein Ereignis herbeiführt. Ein weiteres Informationsobjekt sind **Konnektoren**, die für den Informationsfluss (im nächsten Absatz beschrieben) notwendig sind. Sofern auf ein Ereignis oder eine Aktion verschiedene andere Einzelprozesse oder andere Aktionen folgen, sind **Wegweiser** hilfreich. Auch **Informationsspeicher** (z. B. für Dokumente) und **Instanzen bzw. Stellen** sind sinnvolle Symbole.

Zur Unterscheidung wichtig: Ein **Informationsfluss** behandelt die **Richtigkeit** der Information zu einer bestimmten **Zeit** und er beinhaltet die richtige **Qualität**, welche die **Adressaten** am richtigen **Ort** erreichen muss. So unterscheidet er sich vom **Datenfluss**. Bei diesem geht es vorwiegend um die **Struktur von Daten** sowie deren **genaue Festlegung**. Der Datenfluss zielt weniger auf die interpersonelle Kommunikation ab, sondern behandelt den Austausch zwischen Systemen oder deren Komponenten.

Wenn notwendig, ist die **Angabe der Rechtzeitigkeit der Zustellung** (z. B. als Zeitangabe) oder ein **Stellvertreter** anzugeben (um Störungen im Informationsfluss zu vermeiden). Erstere unterscheidet sich von der **Angabe der richtigen Zeit** im Informationsfluss dadurch, dass dafür eine höhere **Priorität** vorliegen kann. Auch bei der Stellvertreterregelung sollte dies beachtet werden, weil auch hier mögliche negative Folgen für das Unternehmen abgewendet werden sollen.

Business Engineering - Organisationsebene

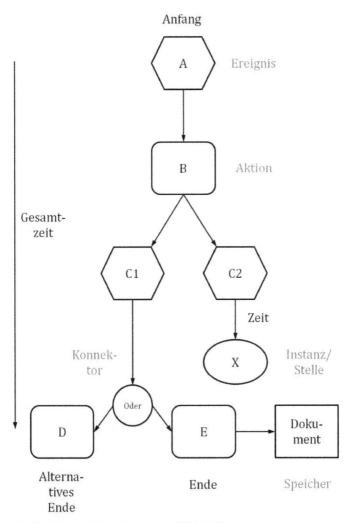

Abbildung 4: Einzelprozess für Kreditprüfung (BE-O-2-T)

Als Praxisbeispiel dient hier der Einzelprozess für die Prüfung der Kreditwürdigkeit eines neuen, potenziellen Geschäftspartners.

Dabei erfolgt mit Überstellung des ersten Angebotes an einen Kunden der initiale Kreditcheck. Darüber soll sichergestellt werden, dass bei bisher unbekannten Kunden erst ein Vertrauensverhältnis, in einem begrenzten Kreditrahmen, aufgebaut werden kann. Sofern dieser Kreditrahmen klein ausfällt, ist keine besondere Dokumentation zu erstellen. Bei größeren Kreditsummen muss ein Nachweis über die Vertrauenswürdigkeit erbracht und abgelegt werden.

Ein Einzelprozess für eine Kreditprüfung fällt bei größeren Unternehmen im Allgemeinen deutlich umfangreicher aus, als hier dargestellt. Gleichzeitig wird aber auch bereits an diesem weniger komplexen Beispiel deutlich, dass hier nur der Informationsfluss allein umfangreiche Schrittfolgen mit sich bringt. Wäre bereits zu diesem Zeitpunkt noch ein Datenfluss in der Prozessbeschreibung enthalten, würden die vielen Details verwirren, anstatt wirklich zu helfen. Insofern lohnt es sich manchmal, nicht alle möglichen Informationen einfließen zu lassen, sondern sich auf das notwendige Minimum zu beschränken.

So ist dann auch sichergestellt, dass hochprioritäre Informationen, wie die sofortige Benachrichtigung des Kundenberaters über einen negativen Kreditcheck, bemerkt werden und nicht in einer Bleiwüste untergehen.

Im Vergleich zu dem gegebenen Beispiel im vorangegangenen Ablauf (1. Modellierung der Einzelprozesse) wird bereits ein Unterschied deutlich. Obwohl der Einzelprozess eine nahezu gleiche Länge hat und auch nur eine Verzweigung enthält, sind die Informationen auf den zweiten Blick deutlich umfangreicher als vorher. Deutlich wird hierbei aber auch, dass, ohne Berücksichtigung der Anforderungen an den ersten Ablauf, hier bereits chaotische Zustandsbeschreibungen vorliegen würden.

Business Engineering - Organisationsebene

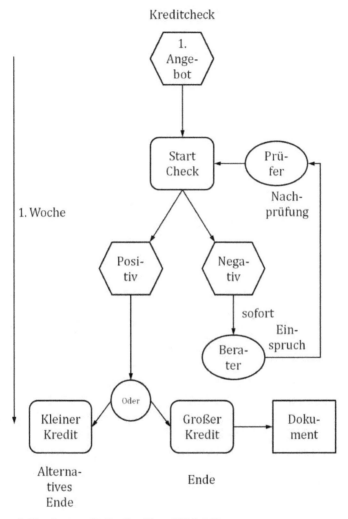

Abbildung 5: Einzelprozess für Kreditprüfung (BE-O-2-P)

3. Trigger für Prozessstartpunkte

Wesentlich für eine erfolgreiche Prozessbeschreibung ist eine **sehr detaillierte Benennung der Auslöser** aller Ausführungen. Es gibt die gängige Ansicht, dass **pro Prozessbeschreibung nur ein Trigger** benannt werden soll und ggf. weitere Prozessbeschreibungen pro Trigger erfolgen sollen.

Dadurch kann, so die Begründung, in dem Prozess gezielter auf Besonderheiten des Triggers eingegangen werden.

Wenn es verschiedene **Auslöser** gibt (z. B. Kontaktanfrage per Telefon, persönlich, Website o. ä.) sollen diese separat aufgeführt werden und **bilden nur zusammen die Startpunkte** für denselben Prozess, **wenn es keine Abweichungen** im Prozessverlauf selbst **gibt**.

Da die Granularität in diesem Fall noch vorwiegend Stichpunktcharakter aufweist, beziehen sich die Abweichungen auf die Verwendung der verschiedenen Informationsflüsse und -objekte (siehe Ablauf *2. Informationsflüsse und -objekte*). Also nur dann, wenn z. B. andere Ereignisse oder Aktionen eintreten bzw. sich Adressaten oder die Datenstruktur ändern. Sollten die Abweichungen in einer tieferen Detailebene liegen, wird hier trotzdem von einem gleichen Ablauf ausgegangen.

Trigger werden ggf. auch als Input und das darauffolgende Ergebnis als Output bezeichnet.

Business Engineering - Organisationsebene

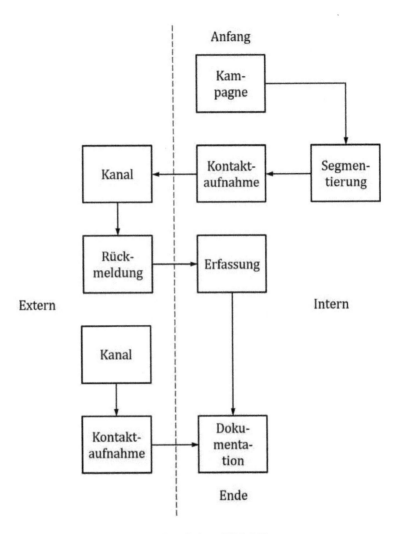

Abbildung 6: Kampagnenstart zur Kontaktaufnahme (BE-O-3-T)

Für den Ablauf[1] wird das Beispiel der Kontaktaufnahme gewählt, das bereits im ersten Ablauf (*1. Modellierung der Einzelprozesse*) kurz erwähnt wurde.

In der folgenden Skizze wird ersichtlich, dass mehrere Triggerpunkte, jeweils für die Kampagne und die Kanäle, benannt werden.

Mit Blick auf den vorangegangenen theoretischen Beispielprozess und die Triggerpunkte wird (im Vergleich mit diesem praktischen Beispiel) ersichtlich, dass die **Detaillierung unzureichend genau** war, sowohl für die Kampagne als auch für die Kanäle. Für die Kampagne fehlte eine Differenzierung nach verschiedenen Typen von Kampagnen, z. B. für umfangreiche Produkt-Launches oder schnelle versendbare Messeeinladungen. Dass die Kanäle als externe Teile klassifiziert waren, ließ zwar die **Interpretation** zu, dass es sich dabei um eine gehostete Website oder Landingpage handeln könnte. Dafür fehlten andere Kanäle wie E-Mails, Telefonanrufe, das persönliche Treffen und weitere.

Die Differenzierung kann in diesem Fall auch im selben Prozess erfolgen, da diese im gewählten Beispiel keine Abweichungen im Prozess verursacht.

---

[1] Für die grafische Darstellung werden meist keine Inhalte der vorherigen Texte der Abläufe angewendet, sondern der Prozess erneut deutlich simplifiziert skizziert. Anderenfalls müssten stringenter Weise in allen folgenden Abläufen alle bis jeweils dahin erwähnten Grundlagen angewendet werden, was eher zur Verwirrung beitragen würde, als dass es eine Hilfe sein könnte.

Business Engineering - Organisationsebene

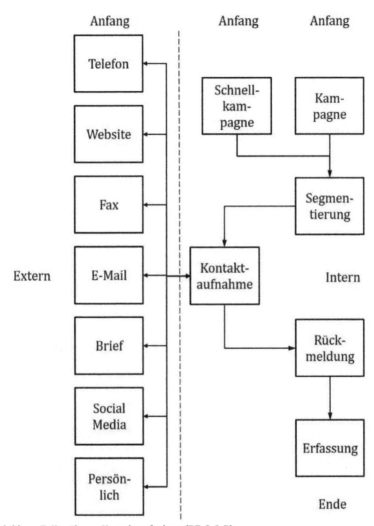

Abbildung 7: Kanäle zur Kontaktaufnahme (BE-O-3-P)

4. Abfolgen, Schleifen und Verzweigungen

Zur feineren Detaillierung der Geschäftsprozesse ergibt sich teilweise die Notwendigkeit, die **Definition von Unterprozessen** vorzunehmen. Dies ist dann angeraten, wenn derselbe Prozess mehrfach benötigt wird. So ist es lediglich erforderlich, einen einzigen Unterprozess anzupassen, und die **Vermeidung von Mehrfachänderungen** fällt leichter. Diese Notwendigkeit kann auch entstehen, wenn ein **Einzelprozess zu umfangreich** ist und ein Teil davon in einen Unterprozess ausgelagert werden muss.

Für Unterprozesse gelten dabei alle Bedingungen, wie sie bereits für Einzelprozesse beschrieben wurden.

Wesentlich dabei ist, dass eine **Namenskonvention** vorhanden sein muss. Nur so lassen sich verschiedene Einzelprozesse übersichtlich in **Verbindung** bringen. Diese Konvention sollte idealerweise eine **alphanummerische Zeichenkette** beinhalten. Durch die Kurzbeschreibung und aufeinander folgende Nummern lassen sich falsche oder doppelte Verlinkungen ausschließen.

Ebenso müssen unendliche **Schleifen** oder **Verzögerungen**, z. B. durch **unentdeckte Wartebedingungen**, eliminiert werden.

Dabei geht es ausdrücklich um die Vermeidung nicht gewollter Schleifen und Verzögerungen. Diese können selbstverständlich auch absichtlich herbeigeführt werden, also als *Gewollte Schleifen, Verzögerungen* oder *Wartezeiten* existieren. Dann sind sie aber als normaler Bestandteil eines Einzelprozesses zu interpretieren, die einer konkreten Beschreibung, z. B. über Trigger, Ereignisse und Aktionen (siehe auch Ablauf *2. Informationsflüsse und -objekte*) unterliegen.

Business Engineering - Organisationsebene

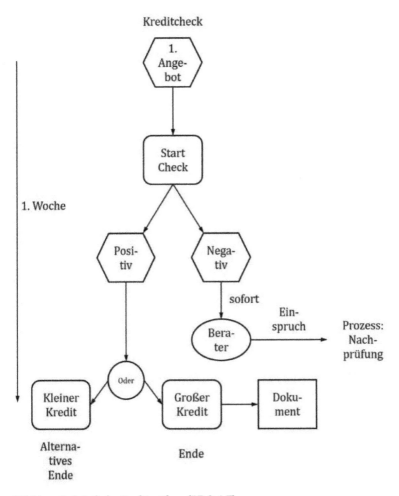

Abbildung 8: Details der Kreditprüfung (BE-O-4-T)

In der Darstellung oben ist die Schleife für die Nachprüfung erneut aus dem Prozess entfernt worden. Ein Verweis zeigt, dass hier ein Folge- oder Unterprozess stattfindet.

Wie in der theoretischen Darstellung bereits zu sehen, wurde das Beispiel des Kreditprüfungsverfahrens (im Praxisteil von *2. Informationsflüsse und -objekte*) erneut aufgegriffen. Dies stellt einen sensiblen Punkt dar und eignet sich für die Beschreibung von Bemühungen zur Problembehebung.

Um Verzögerungen im Ablauf zu vermeiden, z. B. aufgrund von Urlaub des Beraters in dem Beispielprozess, wurde der Unterprozess früher angesetzt und eine Stellvertreterregelung berücksichtigt. Zur Vermeidung unendlicher Schleifen, die ebenso zu Verzögerungen im Ablauf führen können bzw. die Organisation lähmen und viele Ressourcen binden, wurde die Einspruchsmöglichkeit auf den ersten Kreditcheck beschränkt. Somit erfolgt eine vertiefte Nachprüfung nur in besonderen Fällen, da die Berater diese als eine begrenzte Möglichkeit wahrnehmen.

Vorteilhaft in diesem Fall ist, dass die Beschreibung des Kreditchecks als Einzelprozess existiert und auch für andere Fälle als das erste Angebot (siehe dazu auch Ablauf *2. Informationsflüsse und -objekte*) auf diesen Unterprozess verwiesen werden kann.

Als übliche Vorgehensweise wird meist im Rahmen dieses Ablaufes versucht, eine **Verbesserung für bereits entdeckte und aktuelle Probleme** im Geschäftsprozess zu erreichen. Das gewählte Beispiel ist dafür insofern besonders repräsentativ, weil z. B. Berater häufig bemüht sind, Vorteile für ihre eigenen Kunden zu erwirken oder persönliche Abwesenheiten, die gelegentlich auch ungeplant stattfinden können, zu Schwierigkeiten führen. Nachteilig daran ist, dass aufgrund verschleppter Korrekturmaßnahmen in der Vergangenheit gelegentlich **Grabenkämpfe während der Projektarbeit** entstehen.

Die Wichtigkeit dieses Ablaufes ist deshalb hervorzuheben, weil dadurch sowohl die Zusammenarbeit zwischen den Mitarbeitern verbessert als auch ein einheitliches Auftreten in der Außenwahrnehmung und -kommunikation durch bzw. mit den Kunden gefördert wird. Gleichzeitig können fachliche, organisatorische und technische Abweichungen wieder in Synchronisation gebracht werden.

Business Engineering - Organisationsebene

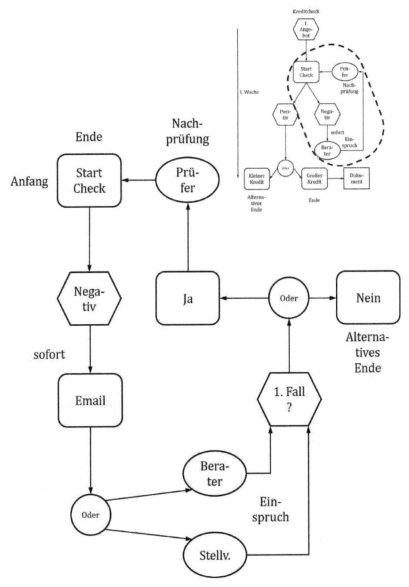

Abbildung 9: Detaillierung der Kreditprüfung (BE-O-4-P)

5. Prozessendpunkte benannt

Für alle Prozesse wird ein **eindeutiges Ende** benannt. Dieses Ende besteht aus einer entsprechenden Markierung und einer dazugehörigen **Zustandsbeschreibung**.

Diese **Regelung gilt auch für Unterprozesse**. Dabei muss parallel darauf geachtet werden, dass die Zustandsbeschreibung dann auch gleichzeitig für alle übergeordneten Einzelprozesse Gültigkeit besitzt. Diese Maßnahme setzt allerdings voraus, dass auch alle zu dem Unterprozess führenden Einzelprozesse tatsächlich dort beendet werden können.

Das **Ende des Prozesses beinhaltet die Beendigung aller darin enthaltenen Aktivitäten**. Anderenfalls gäbe es offene Aktivitäten in bereits gestarteten Unterprozessen, die selbst keine Rückmeldung in übergeordnete Prozesse vorsehen. Der erneute Versuch, dies abzubilden, ist nicht möglich, weil es ansonsten zu prozessübergreifenden Schleifen kommen würde.

In dem vierten Ablauf (*4. Abfolgen, Schleifen und Verzweigungen*) wurde bereits eine Namenskonvention erwähnt, um Einzelprozesse in Verbindung setzen zu können. Diese Konvention bringt bereits thematisch gleiche Prozesse in eine Abfolge und lässt eine Zugehörigkeit erkennen. Da es aber auch Verlinkungen zwischen sonst themenfremden Prozessen geben kann, muss zusätzlich eine **Identifizierbarkeit themenfremder, verlinkter Prozesse** geschaffen werden.

Business Engineering - Organisationsebene

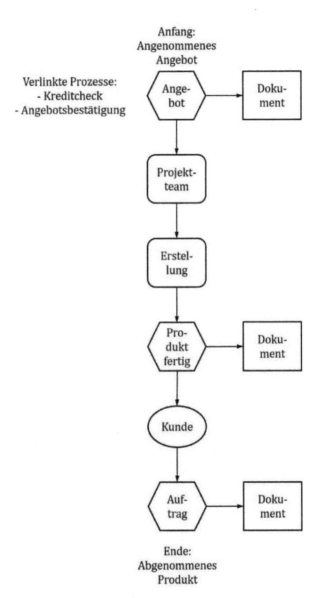

Abbildung 10: Produkterstellung für Auftragserteilung (BE-O-5-T)

Für das folgende praktische Beispiel sind kein Anfang und kein Ende angegeben, da diese immer jeweils oben und unten verortet werden. Deshalb kann auf eine extra verschriftlichte Angabe verzichtet werden. Die Identifizierbarkeit von verlinkten Prozessen ist in diesem Beispiel ebenso nicht enthalten. Denn die **Anlage einer Tabelle für verlinkte, themenfremde Prozesse** ist in der Praxis besser zu bewerkstelligen. Das hat zwar den Nachteil, dass die Informationen aus den Prozessen ausgelagert sind, dafür jedoch die Bearbeitung irgendwann abgeschlossen werden kann und die Übersichtlichkeit von Prozessdetails in Tabellen besser darstellbar ist.

Bei den **Zustandsbeschreibungen** für Prozessenden ist noch eine zusätzliche Differenzierung bedeutsam. Denn diese **können eine erlaubte oder unerlaubte Unschärfe** aufweisen. Wenn ein Ereignis, z. B. die Produktentwicklung zusammen mit einem Partner, kein vorhersehbares, sondern innovatives Resultat liefert, dann gilt dies als eine erlaubte Unschärfe. Schwieriger wird es bei den unerlaubten Unschärfen, da in diesem Fall unterschieden werden muss, ob sie **bekannt oder nicht bekannt** sind. Es sollte z. B. vermieden werden, dass das gesamte Ergebnis des Prozesses unscharf wird, sondern lediglich die Spezifikation eines Ergebnisses. Die *Unschärfe des Gesamtprozesses* ist also eine **bekannte Form** der Unschärfe, die vermieden werden kann. Folgende Punkte dagegen beschreiben teilweise **unbekannte, unerlaubte Unschärfen**. Beispielsweise darf die *Qualität eines Ergebnisses*, sofern bekannt, keine Unschärfe aufweisen. Denkbar für diese Kategorie ist ebenso, dass die *Art der Lieferung* und der *Zeitpunkt eines Ergebnisses* an (Unternehmens-)Kunden nicht unscharf sein dürfen.

Dieser Punkt weist eine zusätzliche Komplexität auf, da es Prozesse geben kann, die anfangs ein offenes Ergebnis beinhalten, das am Ende des Prozesses – dann aber sehr eindeutig – festgelegt ist. Ein Beispiel dafür wäre ein Kreditvergabeprozess bei einer Bank. Um solche Unwägbarkeiten abzufangen, empfiehlt sich im Prozess die **Aufnahme einer Aktivität zum Abbau von Unschärfen**. Gerade bei qualitativen Aspekten ist dieser Punkt überaus wichtig.

Business Engineering - Organisationsebene

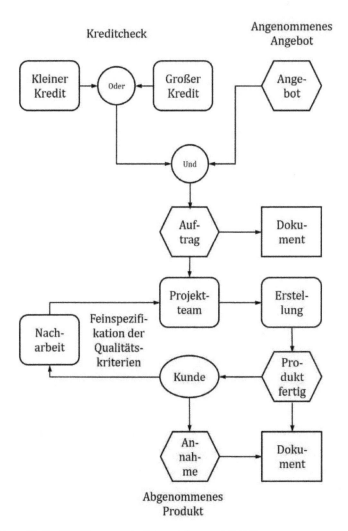

Abbildung 11: Kreditprüfung und Produkterstellung (BE-O-5-P)

6. Praxistauglichkeit

In diesem Abschnitt wird geprüft, ob die Durchführenden des späteren Systemprozesses auch in der Lage und willens sind, diesen zu starten. Bei Prozessen, die sich bereits im Arbeitsalltag etabliert haben (Ist-Prozess), ist die Notwendigkeit selbstverständlich weniger stark. Je mehr Änderungen an einem bekannten Prozess vorgenommen oder komplett neue Abläufe (Soll-Prozess) definiert werden, desto wichtiger ist diese Prüfung.

Dabei geht es darum, eine **Verbesserung im Arbeitsalltag** der Anwender zu erreichen. Die Verbesserung umfasst die Eingabe und den Rückfluss von Informationen. Auch wenn die Details erst in einem späteren Ablauf spezifiziert werden, müssen gegenseitige Informationstransfers bereits in dieser frühen Phase besonders vermerkt werden. Denn meist beinhalten die Prozesse vorwiegend lineare Abläufe, sodass ein Hinweis in diesem Fall die notwendige Aufmerksamkeit sicherstellt. Gleichzeitig gilt es zu beachten, dass selbst die Abbildung von Ist-Prozessen nur eine Annahme über die in der Praxis ablaufenden realen Geschehnisse sein kann.

Zusätzlich muss bei der Festlegung des grundsätzlichen Arbeitsablaufes darauf geachtet werden, mehrfach auftretende und aus der Vergangenheit bekannte Probleme, also das **Vermeiden von typischen Schwachstellen**, in den Vordergrund zu stellen.

Gleichzeitig müssen **natürliche Engpässe und gängige Risiken identifiziert** bzw. die richtigen **Gegenmaßnahmen** festgehalten werden. Das ist insbesondere dann der Fall, wenn unterschiedliche Informationen verschiedener Instanzen bzw. Stellen zusammenkommen und weiterbearbeitet werden sollen.

Elementar hierbei ist ebenso die Optimierung der Kundenbetreuung. Schlussendlich sind es die Kunden, welche die Gehälter bezahlen, deshalb muss jede Verbesserung, sei es nur indirekt durch eine schnellere operative Erledigung der Tätigkeiten oder eine verbesserte Kommunikation, auch spürbar für die Kunden sein.

Business Engineering - Organisationsebene

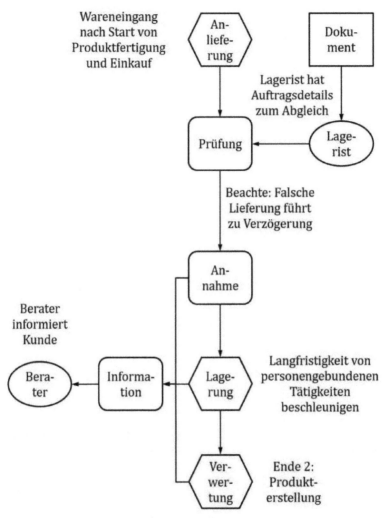

Abbildung 12: Wareneingang und -prüfung (BE-O-6-T)

Als Praxisbeispiel dient hier der Prozess zur Gütererstellung von angelieferten Waren. Als Beispiel dient die Gewichtsermittlung von Paletten[2], um eine Idee zu vermitteln, wie **multidimensionale Vorgänge** (obwohl noch in einem sehr frühen Ablauf) in der Praxis adäquat abgebildet bzw. beschrieben werden können. Denn sollte die interpersonelle, gegenseitige Kommunikation auf rein technologischer Basis stattfinden, können sich durch die asynchrone Kommunikation und ggf. eine hochschwellige Anwendung schnell Informationsbrüche ergeben. Gerade bei komplexen Vorgängen fällt dies besonders ins Gewicht. Im theoretischen Teil war bereits die Rede von einer Verbesserung, die durch den Prozess erreicht werden muss. Gelingt es jedoch nicht, diese Verbesserung zu erreichen, und wird lediglich eine Notwendigkeit geschaffen, mehr Daten ohne erkennbaren Nutzen einzugeben, wird dies keine Akzeptanz im Alltag erfahren.

Die Verbesserung wird in diesem Prozess dadurch erreicht, dass die jeweils am Anfang und am Ende involvierten Personen des Prozesses eine **systemseitige Hilfestellung** erfahren. So müssen sie selbst weniger Informationen eingeben und stellen durch ihre eigenen Eingaben gleichzeitig **wertvolle Informationen für die andere Seite** bereit. Gleichzeitig wird beachtet, dass der Prozess nicht alle komplexen Details berücksichtigen kann. In dem folgenden Beispiel ist diese Verbesserung vorgesehen, indem die Auftragsdaten bereits zu Prozessbeginn zur Verfügung stehen. Die Annahme der Lieferung zieht wiederum eine Aktualisierung des Auftrages nach sich, die umgehend als Information an den Fachberater und den Kunden übermittelt wird. Der letzte Punkt ist dabei hervorzuheben, da dies eine transparente und nachvollziehbare Geschäftsbeziehung fördert.

---

[2] Die Gewichtsermittlung ist sowohl schwierig als auch kritisch für den Geschäftsablauf. Die Schwierigkeit entsteht z. B. durch die Notwendigkeit einer mobilen Wägestation mit Akkubetrieb für sehr hohes Gewicht, der Eichgenauigkeit, einer Grenzwert- und Haltefunktion (bei Bewegung) sowie die Vielzahl an Typen von Paletten. Die kritische Komponente ergibt sich z. B. aus den abhängigen Transportkosten, möglichen Strafen bei falscher Achslast oder des Wegfalls des Mitzählens (bei Gewichtsermittlung und Rückrechnung auf die Packstücke).

Business Engineering - Organisationsebene

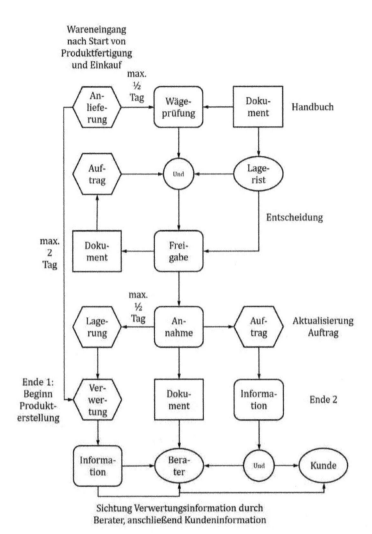

Abbildung 13: Multidimensionale Prozessgestaltung (BE-O-6-P)

7. Benennung von Verantwortlichkeiten

Für jeden Prozess oder Prozessknotenpunkt müssen Verantwortliche benannt werden. Durch die Benennung entsteht Transparenz über die Aufteilung der definierten Aufgaben bzw. mögliche Wechsel der Verantwortung.

Die **Verantwortlichkeiten können über Rollen benannt werden**, aber wenn möglich nicht über Namen, da es Fluktuationen bei den benannten Personen geben kann. Für die Rollendarstellung gibt es verschiedene Methoden, grundsätzlich haben diese aber gemeinsam, dass die **Arbeitsteilung und Verantwortungsübernahme für bestimmte Teile des Prozesses** durch sie geregelt werden.

Als gängige **Methode zur Darstellung der Verantwortlichkeit** ist im Alltag die Anwendung der **RACI-Matrix** weitverbreitet. Bei der RACI-Matrix gibt es verantwortliche (Responsible), rechenschaftspflichtige (Accountable), konsultierte (Consulted) und zu informierende (Informed) Teilnehmende.

Die Benennung der Verantwortlichkeiten über Rollen bringt auch bereits eine **Rollenbeschreibung** mit sich, die den Arbeitsbereich eingrenzt und auf eine größere Gruppe von Prozessteilnehmern angewendet werden kann. Deren genaue Ausprägung und Personenzuordnung werden allerdings erst im späteren Umsetzungsprozess vorgenommen.

Abseits der Verantwortung in Bezug auf Aufgaben (wie sie die RACI-Matrix berücksichtigt) gibt es noch **weitere Verantwortungsformen**. Für die Prozessdarstellung kommt dafür noch die **Fähigkeitsverantwortung** (Kompetenz zur Erfüllung) und, aber nur selten, eine **kausale Verantwortung** (z. B. Verursachung eines Schadens) oder eine **haftungsbezogene Verantwortung** in Frage. In den meisten Prozessbeschreibungen wird allerdings die aufgabenbezogene Verantwortung dokumentiert.

Wenngleich nicht für jeden Einzelfall geeignet, können die restlichen Formen der Verantwortung über einen **Freigabeprozess** abgebildet werden.

Business Engineering - Organisationsebene

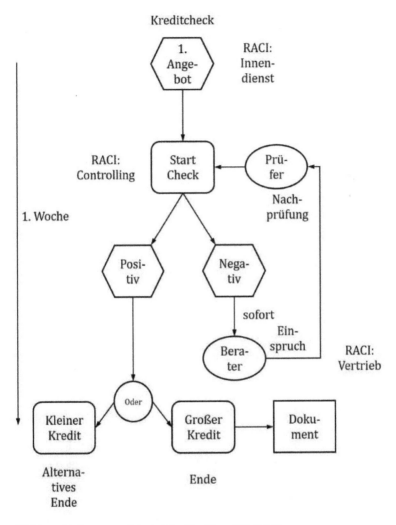

Abbildung 14: Verantwortliche bei Kreditprüfung (BE-O-7-T)

Zur Beschreibung der Verantwortlichkeiten in dieser frühen Phase werden zwar noch keine Details festgelegt. Allerdings muss, **in Abhängigkeit von den kontextuellen Gegebenheiten** des Unternehmens, die Grundlage geschaffen werden, um später die jeweilige Komplexität im CRM-System abbilden zu können.

Wenngleich für das Praxisbeispiel nicht anwendbar, ist dies am Beispiel eines risikoreichen Pharmaprozesses zur Medizinherstellung gut zu verdeutlichen. Darin enthalten sein sollte eine Prozessbeschreibung der Verantwortlichkeit zur Vermeidung von Schäden (die zu einer Produkthaftung führen) sowie eine produktbezogene Verantwortlichkeit (Richtlinien zur Qualitätssicherung, geprüft durch kompetente Laboranten). Die kausale Verantwortungsform, neben den beiden Formen der haftungsbezogenen und kompetenzbezogenen Verantwortung, kann ebenso aufgeführt werden. Diese könnte abgebildet werden, indem z. B. eine Verantwortlichkeit für die Prüfung der Materialanlieferung zur Wirkstoffherstellung enthalten ist.

In der Praxis sind **weitere Verantwortlichkeitsszenarien** denkbar, z. B. um eine **moralische Verpflichtung** zur Sicherstellung der schadlosen Entsorgung zu berücksichtigen oder zur Verhinderung von Kinderarbeit. Für solche Szenarien kann, zur übersichtlicheren Gestaltung, die Erlangung eines Gütesiegels als Ereignis aufgenommen werden.

Zur besseren Darstellung komplexer Prozesse kann auch bereits an dieser Stelle eine **Abweichung von den üblichen Flowcharts** hilfreich sein. Besonders geeignet dafür ist die sogenannte **Swimlane-Darstellung**. Die Swimlane-Darstellung ist, wie im bereits bekannten Beispiel zu erkennen, eine visuelle Komponente in der sonst linearen Prozessbeschreibung. Sie unterteilt die Prozessbestandteile in horizontale oder vertikale Bahnen, die jeweils symbolisch für eine Verantwortlichkeit stehen. Die Swimlane-Darstellung kann darüber hinaus genutzt werden, um Verzögerungen oder einen Schnittstellenaustausch von Daten darzustellen. In der Praxis leider nicht oft anzutreffen, ist sie sehr übersichtlich und liefert eine Vielzahl an Informationen.

Business Engineering - Organisationsebene

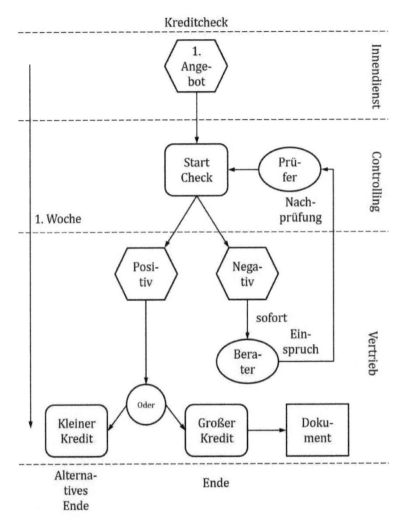

Abbildung 15: Kreditprüfung als Swimlane-Darstellung (BE-O-7-P)

8. Abgleich zwischen den Interessenvertretern

Die Inhalte dieses Ablaufes sind sehr kurz gehalten, weisen allerdings eine hohe Priorität auf weil sie wesentlichen Einfluss auf das Business-IT-Alignment haben.

Wenn nicht bereits geschehen, wird spätestens hier im Rahmen des Stakeholder-Managements ermittelt, wer die (möglichen) externen und internen Interessenvertreter sind. Unter Zuhilfenahme des Kommunikationsmanagements werden dann die Bedürfnisse und Erwartungen identifiziert, analysiert, bewertet und dokumentiert.

Der Ablauf sieht dabei vor, dass alle vom Prozess **Betroffenen und Durchführenden** des Prozesses (bzw. deren Fürsprecher, wie z. B. Abteilungsleiter) diese kennen, z. B. durch Mitwirkung oder Präsentation, und **den Inhalten verbindlich zustimmen.**

Dies kann aufgrund des hohen Umfangs selbstverständlich nicht für die Einzelprozesse geschehen, sondern muss für die Gesamtheit aller, also **für die ganze Prozesslandschaft**, eingeholt werden. Da dieser Punkt ausführlich vorbereitet werden muss, ist dieser Ablauf dem nächsten (Ablauf 9. *Prozesslandkarte* verfügbar) vorangestellt.

Die Sicherstellung dafür liegt in der **Verantwortung des Projektmanagers**, der, durch eine offene und vertraute Beziehung zu den Interessenvertretern (engl. Stakeholder), aktiv deren Meinung erfragt. Ebenso sorgt er/sie im jeweiligen Gespräch dafür, dass die Motivation und die Zielstellung der anderen Stakeholder nachvollziehbar sind. Dies ist wichtig, da auch sie von den Ergebnissen anderer Stakeholder beeinflusst werden.

In der Praxis besteht eine der gängigen Hürden darin, eine, über die Methodik hinausgehende, Rückmeldung von den Stakeholdern zu erhalten. Insbesondere zu Beginn eines Projektes beziehen sich deren Sorgen weniger auf eine **klare Zielstellung, das Teamgefüge und das eigene, persönliche Engagement**. Speziell der letzte Punkt muss aber im Fokus stehen, da wirkliche Projekterfolge nur durch eine emotionale Beteiligung an der Zielerreichung substanziell unterstützt werden.

Hierbei wird deutlich, wie wichtig die **Verbesserung der Kundensituation** (vorab aufgegriffen in Ablauf 6. *Praxistauglichkeit*) ist. Denn durch eine nachhaltige Verbesserung der Geschäftsbeziehungen werden eine monetäre Verbesserung (durch höhere Umsätze und Gewinne) in den jeweiligen Abteilungen und eine bessere Zusammenarbeit (z. B. durch Arbeitsteilung) zwischen ihnen erreicht. Wenn es also bereits in dieser frühen Phase gelingt, einen Anreiz für die Stakeholder zu schaffen, bieten sie dafür mehr benötigte Unterstützung im späteren Verlauf.

Dabei muss, wie im Theorieteil angedeutet, beachtet werden, dass die Verbesserungen (z. B. durch Vermeidung von Shit-in = Shit-out-Prozessen) meist für Einzelprozesse definiert, aber nur im Zusammenspiel aller Prozesse erreicht werden kann. Diesen Punkt gilt es, im folgenden Ablauf zu beachten, um einen Interessenausgleich zwischen den Stakeholdern zu erreichen, der auch hektischere Projektlaufzeiten übersteht.

Meist fällt bereits hier die **erste Anforderung für das Berichtswesen** vom befragten Stakeholder an. Diese muss gut dokumentiert werden, da sie erst in einem späteren Ablauf des Requirements Engineering (*2. Allgemeine Anforderungen an das Reporting*) wieder aufgegriffen werden.

9. Prozesslandkarte verfügbar

Das Ziel einer Prozesslandkarte ist die **Darstellung eines einheitlichen Abbildes aller Prozesse**. Dadurch ist sichergestellt, dass **Lücken in dem Zusammenspiel eliminiert** sind. Zugleich werden auch **Wechselwirkungen und zeitliche Zusammenhänge**, die nicht innerhalb der Einzelprozesse relevant sind, **aufgenommen**. Ebenso kann, muss aber nicht, eine Prüfung nach **Folgerichtigkeit** geschehen. Durch diese Anforderungen unterscheidet sich eine Prozesslandkarte von der einfacheren Prozessübersicht.

Zum Zeitpunkt der Erstellung findet auch eine Differenzierung der Einzelprozesse statt, wenn dies nicht bereits während der Erstellung geschehen ist. Die Prozesse sind dann hinsichtlich **Steuerungs- und Unterstützungsprozess** unterschieden und auf **max. 4 Ebenen** gegliedert. **Haupt- und Teilprozesse** können ebenso voneinander unterschieden werden wie **Prozessschnittstellen zu Externen** (z. B. Geschäftspartner). Auch **ausgegliederte Prozesse** sind enthalten.

Die zusammenhängende Darstellung muss dabei **frei von Fachchinesisch** sein und sollte **keine kryptischen Zeichen** enthalten.

Die in diesem Buch gewählte Herangehensweise sieht dabei vor, dass zuerst die Einzelprozesse und danach die Prozesslandkarte (Bottom-up) beschrieben werden. Dies kann aber auch Top-down geschehen, wobei erstere Herangehensweise den Vorteil bietet, dass diese die unternehmerische Realität besser abbilden kann.

Sofern ein Unternehmen übrigens die ISO 9001:2015 erfüllen soll, realisiert eine Prozesslandkarte[3] eine wichtige Forderung zur Umsetzung.

---

[3] Das Beispiel (siehe folgende Abbildung) auf der folgenden Seite erfüllt nicht die Anforderung der ISO-Norm.

Business Engineering - Organisationsebene

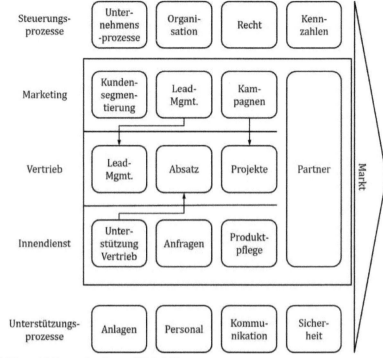

Abbildung 16: Prozesslandkarte (BE-O-9-T)

In den Einzelprozessen stellte sich bisher vorwiegend die Frage, *wie* etwas gemacht wird. In der Prozesslandkarte geht es hingegen darum darzustellen, *wer* etwas macht. Dementsprechend sind die Einzelprozesse nicht einzeln erwähnt oder dargestellt, sondern gruppiert worden. Ein hoher Detaillierungsgrad muss deshalb vermieden werden, das heißt, es reicht, **wichtigste Wege und Stationen der Arbeitsabläufe** abzubilden.

Besondere Relevanz in der Prozesslandkarte sollte, zumindest aus CRM-Perspektive, die **Berücksichtigung der Kunden** bekommen. In früheren Darstellungen wurden, meist auf der rechten Seite, die Empfänger der Dienstleistungen oder der Produkte vermerkt. Anstatt *Kunde* stand dort dann oft nur das Wort *Markt*. Im praktischen Beispiel hingegen wird verdeutlicht, dass die Kunden ein **integrativer Bestandteil der Wertschöpfungskette** sind. Idealerweise ist diese Betrachtung auch Bestandteil in den weiteren Abläufen des Business Engineering sowie der Abläufe des Requirements Engineering. Dadurch lassen sich verschiedene operative und kommunikative Verbesserungen erreichen, die nachhaltig zum Unternehmenserfolg beitragen.

Die Prozesslandkarte kann bei Notwendigkeit auch um die Angabe der Prozesseigentümer erweitert werden. Dadurch wird die Prozesslandkarte zu einem **Prozessogramm**. Der Vorteil bei dieser Darstellung ist die bessere Orientierung für neu eingestellte Mitarbeiter, z. B. durch anfängliche Unkenntnis, oder für die Orientierung aller Mitarbeiter, die durch die Vielzahl der Einzelprozesse oder bei abteilungsübergreifenden Abstimmungsnotwendigkeiten eine Orientierungshilfe benötigen.

Business Engineering - Organisationsebene

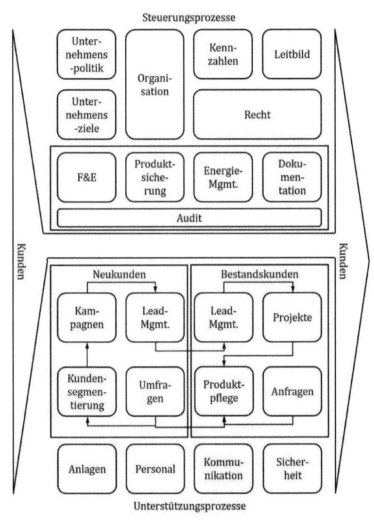

Abbildung 17: Prozesslandkarte mit Kundenbetrachtung (BE-O-9-P)

10. Abgleich mit Wertschöpfungsziel

Die **Einzelprozesse müssen,** sowohl für sich selbst als auch **in ihrer Gesamtheit als Prozesslandschaft, mit dem übergeordneten Ziel,** das die profitable und wertschöpfende Ausrichtung des Unternehmens beinhaltet, **vereinbar sein.**

Eine besondere Schwierigkeit ergibt sich, wenn die Prozesse als Abbild des realen Alltagsgeschehens (als Ist-Prozesse) erfasst werden. Um diese dann mit dem Top-down vorgegebenen Ziel für das Unternehmen zu vereinbaren, ist häufig eine Justierung bzw. Neudefinition der Einzelprozesse unumgänglich. Weniger Schwierigkeiten ergeben sich naturgemäß mit Soll-Prozessen, da diese sich leichter ausrichten lassen. Daher ist es empfehlenswert, auch bei allen folgenden Abläufen, die **Einbeziehung eines Fürsprechers der Unternehmensausrichtung in die Workshops** einzuplanen. Dieser kann, idealerweise mit genug praktischer Erfahrung aus den verschiedenen Abteilungen ausgestattet um alltagsferne Implementierungen zu vermeiden, für ein einheitliches und abgestimmtes Verständnis sorgen.

So kann schlussendlich sichergestellt werden, dass nur Prozesse enthalten sind, deren spätere technische Umsetzung auch tatsächlich Anwendung finden kann und muss.

Eine weitere Schwerpunktsetzung sollte noch im Rahmen dieses Ablaufes vorgenommen werden. Es gilt zu unterscheiden, ob die Wertschöpfungsziele für alle Abteilungen (oder bei internationalen Projekten für alle Tochterfirmen oder Landesniederlassungen) gleichsam gelten oder Abweichungen vorgesehen sind. Selbsterklärend dabei ist, dass bestimmte Wertschöpfungsziele, z. B. Gewinnoptimierungen, für alle die gleiche Geltung haben. Einzelprozesse zur Emissionsminderung oder für die Einhaltung von Compliance-Regeln können hingegen aufgrund von lokalen Unterschieden nicht immer von allen Abteilungen bzw. Ländern ohne Weiteres umgesetzt werden.

Spätestens mit Ablauf 8 (*8. Abgleich zwischen den Interessenvertretern*) wurde sichergestellt, dass alle Stakeholder über die Prozessgestaltung in Kenntnis gesetzt wurden. Somit lässt sich auch eine vereinfachte Zustimmung zur Prozesslandkarte (*9. Prozesslandkarte verfügbar*) erreichen, die wiederum in der nun anstehenden Zustimmung gipfelt, dass die Prozesse sowie die Prozesslandkarte zum Wertschöpfungsziel beitragen. Dieses Wertschöpfungsziel ist meist schon vor der Prozessdarstellung bekannt, kann aber während der detaillierteren Prozessgestaltung durchaus noch Bedenken oder andere Rückmeldungen hervorrufen. Die Einholung der Zustimmung sollte ggf. nicht zu formal stattfinden. Denn es geht auch darum letzte Unsicherheiten auf Seiten der Stakeholder zu erfahren, die in einem vertrauten Rahmen eher benannt werden als bei offiziellen Terminen.

Gegebenenfalls können hier auch identifizierte Lücken dokumentiert werden, die in den bisherigen 9 Abläufen aufgedeckt wurden. Denn nicht immer müssen alle, manchmal auch nur lokal bzw. regional gültige Abweichungen berücksichtigt werden. In der Praxis bewährt es sich, die Stakeholder als Bewilliger der Prozesse bzw. deren Ausgestaltung einzuberufen. Somit gilt ihre Zustimmung bis hierher gesichert, die Bedenken sind dann aber meist trotzdem festgehalten.

Bei den, im theoretischen Teil erwähnten, unterschiedlichen Prozessausprägungen für verschiedene Abteilungen empfiehlt sich als Herangehensweise die Ausprägung eines **Basiskonsensansatzes**. Dieser beschreibt die Minimalbedingungen eines Prozesses, an die sich alle Beteiligten zu halten haben. Je nach Abteilung bzw. Land können dann zusätzliche Prozessbestandteile berücksichtigt werden.

Business Engineering – Systemebene

Nachdem im vorangegangenen Kapitel anhand der zehn Abläufe die Organisation und die zur Wertschöpfung notwendigen Prozesse beschrieben wurden, folgt die Beschreibung der Systemebene. Diese dient der Spezifikation der Anwendungsarchitektur.

Daher werden die folgenden zehn Abläufe sich im Schwerpunkt damit beschäftigen, wie Teilprozesse und Aktivitäten modelliert werden können. Gleichzeitig werden die dafür notwendigen Systeme und Anwendungen, inklusive ihrer fachlichen Services und deren IT-Komponenten, genauer untersucht.

Dass es zwischen der Organisations- und der Systemebene einen Graubereich gibt, wurde bereits am Ablauf 6 aus der Organisationsebene (*6. Praxistauglichkeit*) deutlich. Der Einzelprozess im praktischen Beispiel ist bereits genau beschrieben, obwohl (wie oben erwähnt) erst hier in der Systemebene die Teilprozesse modelliert werden. Die Definition der Systemebene beschreibt gleichwohl, dass der Fokus auf den Anwendungen und deren gemeinsamer Architektur liegt. Es ist also eine Entscheidung im Einzelfall, wie die Detailtiefe zwischen den verschiedenen Ebenen aufgeteilt wird. Da die Inhalte dieses Buches jedoch darauf abzielen, eine Transformation trotz hoher Komplexität zu bewerkstelligen, ist es ratsam, möglichst früh mit einer detaillierten Beschreibung zu beginnen.

Damit wird auch deutlich, dass die bisherigen Prozessbeschreibungen erneut aufgegriffen und weiter analysiert werden. Um das Praxisbeispiel (*Praxisbeispiel*, letzter Unterpunkt im 1. Kapitel *Begriffe und Grundlagen*) konsequent weiterzuverwenden, werden in den nächsten zehn Abläufen teilweise auch neue Prozesse zur Umsetzung des Praxisbeispiels beschrieben.

Business Engineering - Systemebene

1. Kommunikationsein- u. -ausgänge
Anhand dieses Ablaufes werden für die erstellten Einzelprozesse alle Systeme und Anwendungen benannt, die als Kommunikationssender und Kommunikationsempfänger fungieren. Dafür werden all diese Einzelprozesse erneut aufgegriffen und die dazugehörige System- und Anwendungslandschaft, mit Blick auf die Kommunikation, erstellt. Hierbei geht es allerdings vordergründig um den Teil der **Daten- bzw. Informationsübertragung** und nicht um die Kommunikation zwischen Personen.

Dabei ist zu beachten, dass diese Systeme und Anwendungen nicht immer ein **aktiver Bestandteil** der Prozessdefinition (in der Tabelle der Mail-Server) sein müssen. Sie können aber den Kontext bilden, in dessen Rahmen die Prozesse ablaufen.

Auch die möglichen **Störwirkungen** (Folgen bei Ausfall des Systems bzw. der Anwendung) sollte in der Darstellung enthalten sein. Auch wenn diese Störungen meist nicht berechenbar sind, können sie eine umfangreiche Wirkung haben und sollten ansatzweise betrachtet werden.

Es sollte über die Dokumentation möglich sein, nachzuverfolgen, welche Probleme (als **Folge**) eintreten können, wenn es bei einem anderen System oder bei einer Anwendung zu einem Ausfall bzw. zu einer Störung (die **Ursache**) kommt. Zum Beispiel wird der Ausfall der Adressvalidierung zu weniger Qualität bei den erfassten Datensätzen führen, aber sonst keine größeren Probleme (außer eine Retoure bei der Lieferung) verursachen. Ein Ausfall des Masterdatensystems hingegen kann die Schnittstelle beeinflussen und zu einer Verhinderung bei der Datenanlage in allen betroffenen Systemen führen.

Da die ersten drei Abläufe anhand eines gemeinsamen Beispiels beschrieben werden, sind die relevanten Punkte immer mit dem gleichen Symbol (→) gekennzeichnet.

Business Engineering - Systemebene

System / Anwendung	Sender / Empfänger	Aktiv?	Störwirkung
→ CRM-System	Beides	Ja	Sehr hoch
ERP-System	Beides	Ja	Sehr hoch
Mailing-Tool	Sender	Nein	Sehr niedrig
Website	Beides	Nein	Hoch
→ Mail-Server	Beides	Nein	Mittel
Mail-Client	Beides	Ja	Mittel
Partner-Portal	Empfänger	Nein	Hoch
Ticket-Tool	Beides	Nein	Sehr niedrig
BI-Tool	Empfänger	Nein	Mittel
→ DMS	Empfänger	Nein	Niedrig
Social-Media-Tool	Beides	Ja	Mittel
Lead-Datenbank	Beides	Ja	Niedrig
Adresslieferant	Beides	Nein	Sehr niedrig
Produktdatenbank	Sender	Nein	Hoch
Masterdatensystem	Beides	Ja	Hoch
Routenplaner	Sender	Nein	Sehr niedrig
Kampagnenplanungstool	Empfänger	Nein	Sehr niedrig
Kreditcheck-Tool	Beides	Nein	Niedrig
Umfrage-Tool	Empfänger	Ja	Hoch
Auto-Nummerierungstool	Sender	Ja	Niedrig
Karten-Tool	Sender	Nein	Sehr niedrig
Zollberechnungstool	Sender	Nein	Sehr niedrig
Genehmigungstool	Beides	Ja	Niedrig
Serviceplanungstool	Beides	Ja	Sehr hoch
→ Archivierung	Beides	Nein	Niedrig

Tabelle 2: Bewertung der Störwirkung für Systeme (BE-S-1-T)

Ebenso gilt es zu erreichen, dass notwendige **Daten zur Verfügung stehen**, wenn sie gebraucht werden. Das ist meist dann nicht der Fall, wenn nicht eindeutig geregelt ist, welches System den Anfang des Kommunikationsprozesses darstellt. Im praktischen Beispiel ist dies die Schnittstelle zwischen dem CRM-System und dem ERP-System. Ohne die Festlegung, dass Kontakte und Firmen zuerst im CRM angelegt werden, kann es hier immer wieder zu vermeintlich fehlenden Daten oder doppelt verfügbaren Informationen (Duplikaten) kommen.

Dadurch können auch **Lücken in der Transparenz** vermieden werden. Am Beispiel des Kommunikationsaustausches zwischen den beiden Systemen kann es ansonsten zu der Situation kommen, dass eine (sehr frühe) Beschwerde oder Anfrage von einem Neukunden eingeht und von dem Anwender des ERP-Systems nicht zugeordnet werden kann. Diese Transparenzlücken können vermieden werden, indem es einen **SPOT** (Single Point of Truth) gibt. Selbstverständlich müssen die Anwender der Systeme Zugang zu diesem haben, entweder durch ein Benutzerkonto (bei einem Fremdsystem) oder die notwendigen Berechtigungen (innerhalb eines Systems).

Im folgenden Beispiel ist zu erkennen, dass sowohl das CRM-System als auch das ERP-System den Startpunkt für die Anlage einer Firma bilden können. Kontakte hingegen dürfen nur im CRM angelegt werden, weshalb das CRM-System als SPOT festgelegt ist.

Je nach Projektziel (Neueinführung einer CRM-Software oder Ablösung eines bestehenden Systems) sollte in der Übersicht zudem dargestellt werden, an welcher Stelle eine IST- bzw. eine SOLL-Betrachtung zugrunde gelegt wurde. Diese Einteilung erlaubt bereits erste Rückschlüsse für das spätere Datenmapping und die -migration (siehe dazu auch Ablauf *10. Datenmigration, -mapping und -remodulation* in dem Kapitel *Requirements Engineering – Problemstellung*).

Business Engineering - Systemebene

System / Anwendung	Startpunkt	Empfänger	SPOT für Startpunkt
CRM-System	Leads	ERP-System Lead-Datenbank	Nein
	→ Kontakte	ERP-System Adress-Lieferant Masterdatensystem	Ja
	Firmen	ERP-System	Nein
	Verkaufschancen	ERP-System Partner-Portal	Nein
	Anfragen / Beschwerden	Ticket-Tool	Ja
ERP-System	Firmen	CRM-System	Nein
	Angebote	CRM-System Zollberechnungstool	Ja
	Aufträge	CRM-System Zollberechnungstool	Ja
	Rechnungen	CRM-System DMS	Ja
Mail-Server	→ E-Mail	CRM-System Ticket-Tool	Ja
Archivierung	→ Verträge	CRM-System	Ja
DMS	→ Lieferschein Verträge Aufträge Produktfoto Werbevideo	CRM ERP Website	Ja

Tabelle 3: SPOT-Betrachtung für Systeme (BE-S-1-P)

2. Konzeption der Informationskette

Nachdem im vorangegangenen Ablauf eine rein systemseitige Darstellung erarbeitet wurde, folgt in diesem Ablauf eine granulare Definition der Informationen, die dazwischen ausgetauscht werden. Diese **Darstellung kann entweder technische oder organisatorische Anforderungen** (Fokus auf Systemverbund bzw. Aufgabenerledigung) erfüllen. Im Schaubild rechts liegt der Schwerpunkt auf der technischen Darstellung.

Dazu werden in einem übergreifenden Bild alle Informationsträger, -anwendungen und -systeme zu einem Schaubild zusammengefügt. Dieses Bild ermöglicht einen **architektonischen Überblick** über die vorangegangenen und folgenden Informationen. Ziel dieser Darstellung ist eine Informationskette, die alle betrieblichen und für die CRM-Prozesse notwendigen Systeme integriert. Dies kann lediglich durch ein **verknüpftes Gesamtsystem** erreicht werden. Denn nur dadurch kann die **ganzheitliche Aufgabenbearbeitung über die Geschäftsprozesse hinweg** abgesichert werden.

Während der Erstellung sollte berücksichtigt werden, dass die Informationskette **entlang der betrieblichen Wertschöpfungskette** (horizontal) und/oder als **Verbindung der Abläufe verschiedener Ebenen** (vertikal) erstellt werden kann. Ebenso kann unterschieden werden, ob nur die Details innerhalb des Unternehmens (**intern**) oder auch außerhalb des Unternehmens (**extern**) berücksichtigt werden sollen. Die Informationskette kann ebenso darstellen, ob **einzelne Daten von mehreren Instanzen/Stellen** genutzt werden bzw. entgegengesetzt, wenn **eine Instanz/Stelle mehrere Daten** verwendet. Sofern es **vollautomatische Abläufe** (ohne Aktion des CRM-Benutzers) sind, können diese, anders als **teilautomatische Abläufe** (mit menschlichem Eingreifen), auch entsprechend dargestellt werden.

Wenngleich im Schaubild ein systembezogener Überblick vorhanden ist, stellt er aber dar, dass die Kunden ein wichtiger Faktor für das Unternehmen sind und, kanalunabhängig, überall die gleichen Informationen beziehen können.

Business Engineering - Systemebene

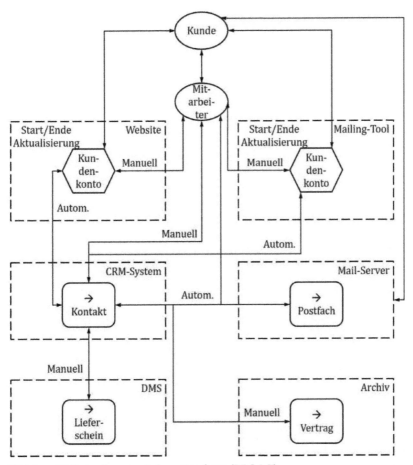

Abbildung 18: Systembezogene Informationskette (BE-S-2-T)

Business Engineering - Systemebene

Das folgende Beispiel zeigt, am Beispiel des Einzelprozesses zur Kontaktaufnahme (Ablauf *3. Trigger für Prozessstartpunkte* im Rahmen der Organisationsebene, Business Engineering), eine übergreifende Skizze der Kommunikationswege. Wie im theoretischen Teil beschrieben, steht hier die Systemarchitektur im Vordergrund.

Für diese Übersicht ist bereits ein recht hoher Grad der Tiefe notwendig. So ist in dem folgenden Beispiel zu erkennen, dass die E-Mail-Kommunikation zwischen dem Kunden und dem CRM-System (z. B. wenn Kundenantworten direkt im CRM-System nachverfolgt werden) nicht direkt abläuft, sondern die E-Mails dazu vorher über einen E-Mail-Server geleitet werden.

Die benötigte Detailtiefe ergibt sich meist durch die Auswahl der Person, die die Prozessdetaillierung vornimmt. Da dies bei sehr komplexen Prozessen oder Skizzen hilfreich ist, lohnt sich also die Einbindung fachspezifischer Personen für die Detaillierung, da diese sich mit den notwendigen Erfordernissen auskennen. Auch dies ist ein Mittel, um Komplexität leichter beherrschbar zu machen, und wird in der Praxis oft vernachlässigt.

Anders als im vorangegangenen Ablauf, in dem es ausschließlich um die Systeme ging, muss nun das erste Mal auf die **Informationsarten** geachtet werden. So kann eine E-Mail von Kunden zum einen allein aus der E-Mail selbst, zum anderen aus der E-Mail sowie einem zusätzlich angehängten Dokument (z. B. dem unterschriebenen Lieferschein) bestehen. Anhand der Differenzierung wird ersichtlich, dass die Dokumentenablage im Prozess berücksichtig werden muss. Am Beispiel von einem, der E-Mail beigefügtem Vertrag müsste dann z. B. ein Archivierungssystem aufgeführt sein, denn **jede Informationsart selbst hat berücksichtigenswerte Kriterien**, die dann noch einmal verschiedene Folgen haben können.

Business Engineering - Systemebene

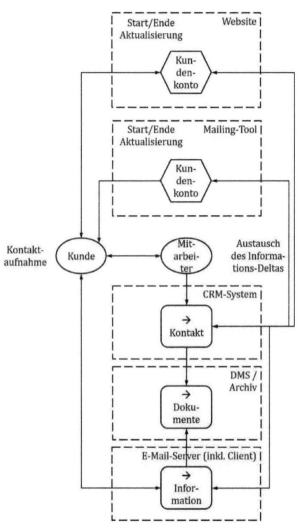

Abbildung 19: E-Mail-Kommunikation mit Kunden (BE-S-2-P)

3. Abteilungsübergreifende Knotenpunkte

Während der erste Ablauf dieses Kapitels (*1. Kommunikationsein- u. -ausgänge*) beschrieb, wie systemrelevante Informationen ohne Beachtung ihres Formats, der Quelle und der Nutzung zu behandeln sind, zielt dieser Ablauf auf **systemseitig bereitgestellte, organisationsrelevante Informationen mit Beachtung ihres Formats, der Quelle und dem Nutzungsmodell** ab. Damit führt dieser Ablauf gleichzeitig auch die Bemühungen aus dem zweiten Ablauf (*2. Konzeption der Informationskette*) fort, der, mit dem architektonischen Überblick und der Konzeptionierung der Informationskette, das Bindeglied zwischen Ablauf 1 und 3 darstellt.

Dafür ist nun die **Benennung der Instanzen/Stellen** wichtig, bei denen die Informationen über verschiedene Wege bzw. Kanäle weiterfließen. **Für alle beteiligten Abteilungen ist so verständlich nachvollziehbar, *welche* Informationen zu *welchem* Zeitpunkt *wo* vorliegen.** Ebenso muss unterschieden werden, ob die Informationen **strukturiert, teilstrukturiert oder unstrukturiert** vorliegen (sollen). Ebenso wichtig ist die **Beschreibung der Zugänglichkeit**, nämlich ob die Informationen erschlossen, gespeichert oder bereitgestellt werden sollen. Auch die **Relevanz der Informationen** kann wichtige Hinweise liefern, in welchem Maß die Informationen für die Abteilungen nützlich sind. Ebenfalls ist die **Vollständigkeit der Informationen** ein beachtenswerter Faktor. Aus den gesamten vorliegenden Resultaten ergibt sich die Rückschlussmöglichkeit, ob auch die **richtige Information im passenden Kontext** zur Verfügung steht. Je mehr allerdings ein Unternehmen vom Wissensaustausch profitiert oder sogar davon abhängig ist, desto mehr müssen auch die Aspekte des Enterprise Content Managements (ECM) oder des Enterprise Information Managements (EIM) berücksichtigt werden.

Mitunter können sich hier bereits starke Unterschiede in der Arbeitsweise zeigen. Diese sollten gesammelt werden, um sie dann in einem späteren Ablauf (*7. Fit-Gap-Analyse* beim *Requirements Engineering – Problemstellung*) gemeinsam zu bearbeiten.

Business Engineering - Systemebene

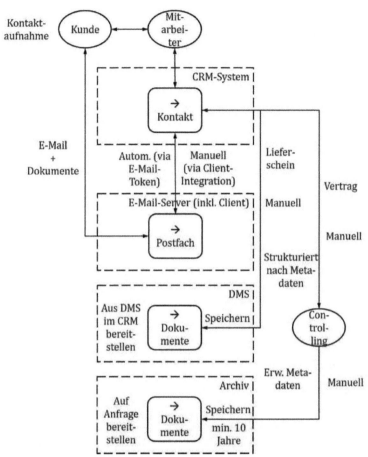

Abbildung 20: Detaillierung der Kundenkommunikation (BE-S-3-T)

Einige Details aus dem praktischen Beispiel aus Ablauf 2 werden hier erneut aufgegriffen, um aufzuzeigen, dass nun geprüft werden muss, *wann* und von *wem* die E-Mail aufgeteilt wird.

Um die strukturierte Ablageform bei Dokumenten zu kennzeichnen, wird eine Ablage anhand von Metadaten angegeben. Gleichzeitig werden, anders als im theoretischen Teil, in dem lediglich z. B. E-Mails oder Dokumente angeführt wurden, auch die Dateiformate angegeben. In dem Beispiel gibt es keine besonderen Dateiformate, sodass keine deutliche Notwendigkeit dieser besteht. Sollten allerdings umfangreiche oder besondere Formate vorliegen (z. B. CAD-Dateien oder Videos), müssen diese erwähnt werden.

Im folgenden Beispiel sind die Informationskriterien (Strukturiert u. Unstrukturiert sowie Erschließen, Speichern und Bereitstellen (auch Archivierung)) grafisch dargestellt. Für diese Art der Darstellung spricht der Vorteil, dass Arbeitsprozesse idealerweise als End-to-End-Prozesse dargestellt sein sollten. Wenn allerdings sehr viele Informationen vorhanden sind, empfiehlt sich mitunter eine tabellarische Auflistung oder die Erweiterung um die bereits bekannte Swimlane-Darstellung.

Im theoretischen Beispiel des Ablauf 1 ist erkennbar, dass viele Details bei den dort gesetzten Symbolen (→) ohne dieses Beispiel noch nicht so hätten beschrieben werden können. So lässt sich gut nachvollziehen, weshalb das strukturierte Vorgehen zur Komplexitätsbeherrschung beiträgt: Erst durch die strukturierte Vorgehensweise lassen sich anfänglich **implizite Vorgänge explizit darstellen.**

Da ein Vorgehensmodell lediglich vorsieht, dass im Rahmen von Workshops die Anforderungen aufgenommen oder Sachverhalte in einer bestimmten Form dokumentiert werden müssen, können solche Stolperfallen im CRM-Projekt erst durch strukturiertes Vorgehen kompensiert werden.

Business Engineering - Systemebene

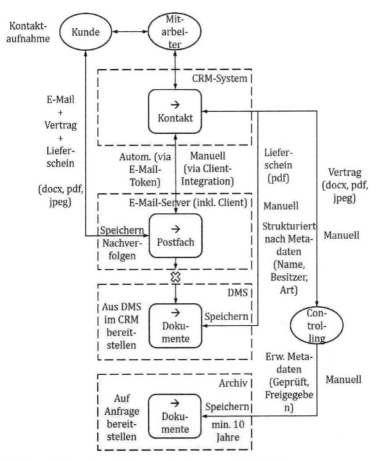

Abbildung 21: Metadaten im Kommunikationsprozess (BE-S-3-P)

4. Mobiler Zugang zu CRM-Informationen

Der mobile Zugang zu CRM-Informationen beinhaltet einerseits die **Verfügbarkeit der Daten** auf mobilen Geräten und andererseits den **Offline-Zugriff**.

Für ersteres sind eine **Definition des mobilen Arbeiters** und die Information, über welche **Geräte bzw. Applikationen** er Zugriff benötigt, notwendig. Grundlage für die Klärung dieser Fragestellung sind **Anforderungsfälle mit beschreibenden Szenarien des Arbeitsalltags** (und bei längerfristig mobil arbeitenden Mitarbeitern auch deren private Erfordernisse). Daraufhin können eine **Auswahl der Geräte** und die **Art der Datenbereitstellung** (z. B. über Browser, eine CRM-App oder ein Drittanbieter-Tool) erarbeitet werden. Der Fortschritt muss kontinuierlich dokumentiert werden, da die Anforderungsfälle auf diese Weise später als **Wissensdatenbankartikel für Serviceanfragen** verwendet werden können. Die Dokumentationen bilden ebenso die Grundlage für **Installations- und Betriebshandbücher**. Des Weiteren müssen **mobilspezifische Anpassungen am CRM-System** definiert werden, sodass lediglich die relevanten Teile der CRM-Informationen auf den mobilen Geräten dargestellt und freigegeben werden.

Für den zweiten Punkt muss festgelegt sein, dass die **Offline-Verfügbarkeit für bestimmte Benutzergruppen** eingerichtet werden muss. Dafür müssen selbstverständlich die Hard- und Softwareanforderungen berücksichtigt werden, aber auch definiert werden, *welche* **Daten** (z. B. Aufträge) **für** *welchen* **Zeitraum rückwirkend** (z. B. die letzten zwei Jahre) abgerufen werden können. Ebenso muss bereits grundsätzlich festgelegt werden, welche **Dokumente mobil verfügbar** sein müssen.

Wenn all diese Schritte durchgeführt wurden, muss eine **Definition von Benutzerprofilen** erstellt werden. Diese Profile beschreiben, welche Sicherheitsfreigaben (im CRM-System), Installationen und Applikationen für die Mitarbeiter unter Berücksichtigung ihrer Mobilität (siehe Praxisteil) vorgesehen sind.

Business Engineering - Systemebene

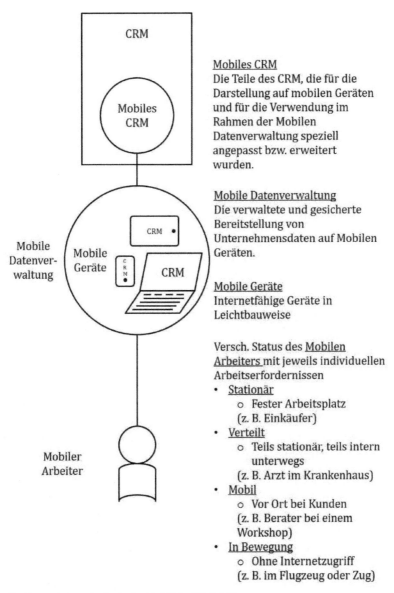

Abbildung 22: Terminologie der Mobilität (BE-S-4-T)

Zur Vermeidung von emotional geführten Diskussionen, wie es bei diesem Thema in der unternehmerischen Praxis häufig der Fall ist, empfiehlt sich die Verwendung der dazugehörigen **Terminologie**. Nur dadurch können ein oberflächlicher Schlagwort-Austausch und daraus resultierende Missverständnisse verhindert werden.

Ein häufig anzutreffender Begriff ist der des **Mobilen Arbeiters**. Diese können je nach Arbeitserfordernis folgendermaßen unterteilt werden. Sie arbeiten entweder *Stationär* (fester Arbeitsplatz im Büro), *Verteilt* (z. B. im Haus unterwegs mit Datenzugriffsnotwendigkeit), *Mobil* (z. B. beim Kunden zur Erfüllung von speziellen Anforderungen, mit Internetzugriff) oder *In Bewegung* (z. B. im Zug, ohne Internetzugriff). Wenn sie gerade *Mobil* oder *In Bewegung* sind und Zugriff auf CRM-Daten haben müssen, erfolgt der Zugriff über ein *Mobiles Gerät* (internetfähiges Gerät in Leichtbauweise). Der Zugriff vom mobilen Gerät auf das CRM erfolgt dann meist über den Browser oder eine App und der Zugriff wird im Rahmen der *Mobilen Datenverwaltung* verwaltet. Das *Mobile CRM* beschreibt dann wiederum den Teil der CRM-Informationen, die gut lesbar (ggf. mit vermindertem Informationsgehalt) auf einem kleineren Bildschirm oder aber offline zur Verfügung stehen sollen. Diese Inhalte müssen i. d. R. (im CRM-System) extra bereitgestellt bzw. entsprechend angepasst werden.

Um all die notwendigen Schritte je Begriff abzuarbeiten und schlussendlich eine mobile Verfügbarkeit zu gewährleisten, müssen **Anforderungsbeschreibungen bzw. Anwendungsfälle** erstellt werden. Auf diese Weise kann sichergestellt werden, dass eine praxisnahe Umsetzung erfolgt und alle Stakeholder ein gemeinsames Verständnis von der zukünftigen Lösung haben. Meist liegt die federführende Bearbeitung dieser Schritte bei der IT-Abteilung, da diese sich mit den Details auskennt und die spätere Bereitstellung administriert. Gehen die Anforderungen aber über die reine Bereitstellung der Daten hinaus und umfasst sie einen Wechsel in der Unternehmensausrichtung, muss eine Definition für eine **Enterprise Mobility** erstellt werden. Diese ist, anders als der mobile Zugriff mit seinen operativen Regelungen, von größerer Tragweite und hat einen strategischen Anspruch.

Business Engineering - Systemebene

Begriff	Anwendungsfälle	Dokumente
Mobiles CRM	• Felder sollen auch auf kleinen Displays bedient werden können • Usw.[4]	Lastenheft Pflichtenheft
Mobile Datenverwaltung	• Bei Anwendungsproblemen soll mindestens bis zur letzten Betriebsversion supported werden • Die Unternehmensdaten sollen gesichert und vor Verlust geschützt werden • Es sollen keine privaten Daten der Mitarbeiter einsehbar sein • Usw.	Liste der unterstützten Geräte inkl. der Betriebsversion und technischen Gerätespezifikationen Betriebshandbuch für die Installation und Einrichtung Aufbau der Wissensdatenbank für Support
Mobile Geräte	• In versch. Ländern sind unterschiedliche Geräte im Einsatz • Usw.	Liste aller verfügbaren Geräte Lizenzdokumentation
Mobiler Arbeiter	• Rechtssichere Unterschrift bei Vertragsverhandlung soll direkt im CRM hinterlegt werden • Die Kundenbestellungen der letzten zwei Jahre sollen offline zur Verfügung stehen • Abends im Hotel möchten die Vertriebsmitarbeiter privat mit ihren Familien skypen • Usw.	Handbuch für die ersten Schritte Einrichten der mobilen Verwendung des CRM Erste-Hilfe-Handbuch sowie Hilfe-Links

Tabelle 4: Anwendungsfälle für mobiles Arbeiten (BE-S-4-P)

---

[4] Die Auflistungen haben keinen abschließenden Charakter und müssen gemeinsam zwischen der IT und den Fachabteilungen erarbeitet werden.

5. Dokumentenablage spezifiziert
Nachdem in den Abläufen 1–3 dieses Kapitels bereits die Systeme für die Speicherung von Dokumenten benannt und die generelle mobile Verfügbarkeit festgelegt wurde, müssen darauf aufbauend weitere Spezifikationen getroffen werden. Diese führen die bisherigen Anforderungen fort und detaillieren sie weiter. Allerdings wird die **Festlegung von Metadaten oder die Struktur der Ablage hier noch nicht** behandelt. Diese Detaillierung erfolgt erst im späten Verlauf des Requirements Engineering.

Stattdessen müssen generelle **Regelungen zu den Systemen**, der digitalen Erfassung von geschäftsrelevanten Daten (**Input Management**) und der **Verwaltung der Dokumente** beschrieben werden.

Für ersteres sind Informationen zur **Architektur** (z. B. webbasiert, Client-Server, Multi-Tier oder Serviceorientierte Architektur (SOA)) wichtig. Sofern kein Standardsystem genutzt werden soll, sind die im Unternehmen verwendeten Programmiersprachen relevant. Auch die Bereitstellung von Datenbanken und die mobilen Betriebssysteme sind bedeutsam.

Für das Input-Management müssen die **Details an das Scannen bzw. Scanstraßen** (z. B. Indexierung, Ad-hoc-, Barcode- und Stapelscannen, Bildverbesserungen sowie Signaturanforderungen) definiert werden. Auch die **Texterkennung** (engl. Optical Character Recognition (OCR)) und ihre Details (z. B. Belegerkennung, Abgleich mit Datenbanken (z. B. Wörterbuch), Summenprüfung, Formatunterstützung, Handschrifterkennung etc.) müssen, wenn notwendig, definiert werden.

Für die Verwaltung sind Details zur **Suche** (z. B. Volltextsuche oder Ähnlichkeitssuche etc.), der **Zusammenarbeit** (Synchronisation mit Bürosoftware, elektronischer Papierkorb, Projekträume etc.), dem **Workflow-Management** (z. B. Protokollfunktion, Freigaben, Digitale Stempel oder Abo-Funktionen etc.), dem **Output-Management** (z. B. Automatisierter Versand oder Porto-Optimierung) oder dem **Berichtswesen** wichtig.

Business Engineering - Systemebene

In der Praxis sollte darauf geachtet werden, dass eine Lösung konzeptioniert wird, bei der die Mitarbeiter nicht ständig zwischen den Systemen wechseln müssen. Idealerweise sind, von der Bürosoftware (z. B. der E-Mail-Software) über das CRM-System bis hin zum Dokumentenmanagementsystem, alle **Anwendungen nahtlos integriert**. Auch bei der Arbeit mit dem CRM-System, sowohl am festen Arbeitsplatz als auch unterwegs, sollten Dokumente darüber hinaus schnell verfügbar und logisch richtig abgelegt sein.

Der letztgenannte Punkt ist dabei oft schwer umsetzbar. Denn eine Rechnung oder ein Vertragsdokument kann sowohl bei dem jeweils dazugehörigen CRM-Datensatz, z. B. einer Anfrage, aber auch bei der übergeordneten Firma abgelegt werden. Beide Möglichkeiten bedingen Vor- und Nachteile in der operativen Bearbeitung oder bei der Auffindbarkeit. Eine **richtige Ablage** sollte aber eine doppelte Speicherung vermeiden, weil redundante Datenhaltung die Orientierung und übermäßige Metadatenvergabe das Arbeiten erschweren.

Für die Ablösung bzw. Übernahme vorheriger Gegebenheiten sind zwei Dinge, die oftmals historisch gewachsene **Ordnerstruktur** und die sich im Einsatz befindlichen **Vorlagen**, als Risikofaktor zu nennen. Erstere gestaltet sich schwierig, weil meist kaum nach vergleichbaren Kriterien festgelegt werden kann, welche Daten aus welchem Ordner zukünftig zu bestimmten Metadaten zugeordnet werden können. Die Ablösung der Vorlagen bringt hingegen oft mit sich, dass CRM-Informationen[5] in den Dokumenten verwendet werden sollen, die bis dahin teilweise nicht in der benötigten Datenstruktur im CRM-System vorliegen.

---

[5] Oft betrifft dies eine persönliche Briefanrede oder bestimmte Auftragsdetails. Bei der persönlichen Anrede muss dann zentral im CRM-System eine (ggf. globale) Regelung für Briefanreden implementiert werden. Bei den Auftragsdetails wird eine Übergabe der CRM-Daten auf Positionsebene (z. B. pro Produkt vom Auftrag) benötigt, während die meisten Systeme lediglich Daten aus einem einzigen Datensatz pro Vorlagedokument bereitstellen können.

6. Systemschnittstellen und Datenaustausch

Schnittstellen sind die Kommunikationskomponenten zwischen Systemen, die jeweils über eine eigene interne Struktur verfügen und somit eine **Black Box** für das andere System bzw. deren Betreiber darstellen. Damit nun Systeme, mit unterschiedlichen internen Arten und Weisen, Botschaften zu verarbeiten, zusammenwirken können, wird über die Schnittstelle der Informationsaustausch geregelt. Dabei geht es um Programmierschnittstellen (engl. Application Programming Interface, kurz: API) und andere Schnittstellentypen (Webservice, REST-Schnittstellen, Bussysteme), die jeweils unterschiedlich spezifiziert werden. **API's** werden über den Namen und Zweck der Funktion/Methoden, die Namen, Bedeutung und Wertebereiche von Übergabe- und Rückgabeparametern sowie das Verhalten der Komponente bei Nutzung einer Methode formuliert. Die Spezifikation für **anderen Schnittstellentypen** erfolgt über verschiedene **Ebenen der Interoperabilität:** Diese setzen sich zusammen aus der **strukturellen** Interoperabilität (Datenströme zwischen Systemen), der **syntaktischen** Interoperabilität (Identifizierung der Informationseinheiten) sowie der **semantischen** Interoperabilität (gewährleistet durch Taxonomien und Klassifikationen) und der **organisatorischen** Interoperabilität (Abgleich von Workflows und Berechtigungen).

Mit Blick auf die Abläufe dieses Kapitels ist zu erkennen, dass die Systemschnittstellen nach der eingehenden Betrachtung aller Kommunikationsaspekte berücksichtigt werden. So soll sichergestellt werden, dass die notwendige **Beschreibung der Systeme** und die **Momente des Informationsaustausches** den praxisnahen Gegebenheiten folgen. Alle Aspekte der Störwirkungen, die SPOT-Betrachtungen, der Informationsfluss, Struktur und Kontext von Daten etc. bilden somit das Fundament dieser Übersicht. Nur so ist es möglich, einen weitestgehend fehlerfreien **Datenaustausch** zu beschreiben. Denn dieser beinhaltet die **Standardisierung zur Weiterleitung** von Daten und muss dementsprechend auf der Basis von gesicherten Anforderungen geschehen, um auch die **einheitliche und effiziente Erzeugung und Verteilung von Daten** sicherzustellen.

Business Engineering - Systemebene

Wie im theoretischen Teil erwähnt, sollte ein starker Praxisbezug die Grundlage für die Definition des Austausches sein. So lassen sich größere Stolpersteine früh erkennen und es wird verhindert, dass aufwendige Korrekturarbeiten anfallen und der Eindruck entsteht, dass der Überblick ein Luftschloss darstellt. Um nicht jetzt bereits zu detailliert vorzugehen, empfiehlt es sich, anfangs noch **keine Details zu der Art der Schnittstelle und den Intervallen des Austausches** festzulegen.

Ansonsten empfiehlt es sich, allerdings nur bei größeren Projekten oder Vorhaben mit sehr vielen Systemen, ein **Stammdatenmanagement** (engl. Master Data Management, kurz: MDM) einzuführen. Durch dieses kann sichergestellt werden, dass die Konsistenz von Informationen gewahrt bleibt und, über die Zweckbestimmung von Daten, eine **hohe Datenqualität** erreicht wird. Dies ist neben dem qualitativen Aspekt aber auch ein Mittel zur Komplexitätsbeherrschung, da eine **Harmonisierung von Informationen** stattfindet und Datenbereinigungen (z. B. über die Duplikatprüfung und das Zusammenführen von Daten) weniger umfangreich ausfallen.

Besonders bedeutend ist hier bereits, zu erkennen, welche **Systeme zur Kundenkommunikation** zukünftig wichtig werden. Wenn ein Unternehmen einen starken bis ausschließlichen **B2C**-Fokus hat, wird die Kommunikation fast immer über das CRM-System erfolgen und ein **kommunikativer Schwerpunkt** vorherrschen. Wenn ein starker **B2B**-Fokus vorherrscht, ist die Anbindung eines Partner-Portals (ebenso in der Systemübersicht zu berücksichtigen), womit ein **transaktionsorientierter Schwerpunkt** überwiegt, früher oder später sehr wahrscheinlich. Beides hat Auswirkungen, wenn es z. B. um den Austausch des Produktkataloges zwischen dem CRM- und ERP-System geht. Muss bzw. soll z. B. das Partner-Portal an das CRM angebunden werden, muss dorthin der gesamte Produktkatalog, ggf. mit allen Preiselementen und -konstellationen, übertragen werden. Hier weisen CRM-Systeme naturgemäß keine Stärke auf.

7. Machbarkeitsstudie

Unter Berücksichtigung der bisher gesammelten Erkenntnisse wird nun geprüft, wie es um die **Integrationsfähigkeit in einem CRM-System** bestellt ist. Dabei sollte in erster Linie geprüft werden, ob überhaupt eine **Integration in ein CRM-System möglich** ist. Insbesondere bei Non-Profit-Organisations (NPO) bzw. Non-Governmental-Organisations (NGO) oder Unternehmen mit sehr speziellen Anforderungen (z. B. in der Pharma-Branche) mit ihren, vom üblichen Standard abweichenden Geschäftsprozessen ist dieser Schritt notwendig.

Die Studie sollte von Personen durchgeführt werden, die entweder das präferierte System sehr gut kennen, oder aber mindestens 2–3 größere Systeme vergleichen können. Auf jeden Fall muss die **Evaluierung anhand von Architekturkenntnissen** und weniger nach dem Funktionsumfang erfolgen.

Ziel der Studie ist es, die **optimale Lösung** hinsichtlich der Wirtschaftlichkeit, der Rechtssicherheit, der Ressourcenverfügbarkeit, der technischen, organisatorischen und zeitlichen Machbarkeit zu finden. Dazu wird die **grundsätzliche Durchführbarkeit** bewertet, was zwar eine allgemeine Risikoanalyse, jedoch keine Betrachtung auf Funktionsebene (dies erfolgt dann im Rahmen einer Fit-Gap-Analyse) des CRM-Systems beinhaltet. Damit soll ein generelles Bild vermittelt werden, das eher übergreifenden Charakter anstelle eines Projekt-Meilensteines (wie der Machbarkeitsnachweise, beschrieben im letzten Ablauf dieses Kapitels, siehe *10. Machbarkeitsnachweis*) beweist. Um zu diesem Bild zu gelangen, können auch erste **Pilottests** und **Expertenbefragungen** durchgeführt oder vergleichende **Referenzstudien** zu Rate gezogen werden.

Im Sinne einer Belastbarkeitsprüfung sollte die Studie ergebnisoffen durchgeführt werden, auch um mögliche Alternativen nicht aus den Augen zu verlieren. Als Hilfestellung verfügen große Anbieter eines CRM-Systems über sogenannte **Battle Cards**, die in Kombination mit den Ergebnissen der Machbarkeitsstudie eine Systemauswahl erleichtern können.

Business Engineering - Systemebene

Nachbau einer Übersicht der auf dem Markt verfügbaren CRM-Systeme

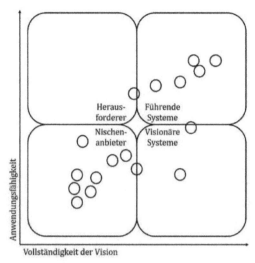

Abbildung 23: Übersicht von CRM-Systemen (BE-S-7-T)

Nachbau einer Battlecard zum Vergleich verschiedener CRM-Systeme

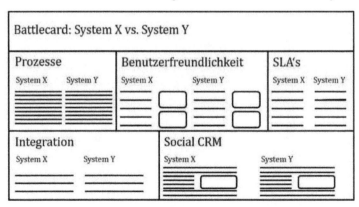

Abbildung 24: Battlecard für CRM-Systeme (BE-S-7-T)

Business Engineering - Systemebene

Meist ist in der Praxis die Entscheidung, ein (bestimmtes) CRM-System einzusetzen, (in-)offiziell bereits gefallen, bevor die Prozesse definiert werden. Trotzdem sollte die Prüfung der Integrationsfähigkeit erfolgen, idealerweise von **Personen bzw. Instanzen mit der notwendigen professionellen Distanz für eine objektive Beurteilung**. Wird die Integrationsfähigkeit der Prozesse in ein CRM-System durchgeführt, muss primär evaluiert werden, ob die **Machbarkeit in einem CRM-System generell möglich** ist. Danach kann festgestellt werden, ob die **Machbarkeit in dem favorisierten System** realisierbar ist. Nur so ist sichergestellt, dass die Mitarbeiter mit dem System arbeiten können und dieses akzeptieren.

Ersteres zeigt sich in der Praxis, wenn z. B. die Geschäftsprozesse vorsehen, dass aus Serviceanfragen neue Leads generiert werden sollen. Manche CRM-Systeme verstehen Services lediglich als Dienstleistungen; die Initialisierung einer Marketingaktivität daraus ist dort nicht vorgesehen bzw. wird sogar explizit verhindert. Als ebenso gutes Praxisbeispiel können die Anforderungen von Unternehmen in sehr hart umkämpften Märkten mit einer überschaubaren Anzahl von Kunden gelten. Das ist z. B. in der Schiffsbaubranche der Fall, in der standardmäßig eigenentwickelte CRM-Systeme (Schutz vor Wissensabfluss durch externe Berater) eingesetzt werden. Bei etwas weniger umkämpften Märkten kommen schnell Nischenprodukte zum Einsatz. Wenn die Integrationsnotwendigkeit in die System- und Anwendungslandschaft besonders wichtig ist, fallen möglicherweise Anbieter raus, die „nur" ein CRM-System ohne Konnektoren oder ohne Mobilfähigkeit anbieten. Je ausgeprägter oder unternehmenskritischer die Geschäftsprozessanforderungen also sind, desto eher muss geprüft werden, ob die vorhandene CRM-Architektur dem gerecht wird. Bei letzterem, der systemspezifischen Prüfung, werden dann entsprechend die Details wichtiger, z. B. bei Systembeschränkungen (z. B. Limit der Workflows bei cloudbasierten Systemen), fehlender Möglichkeit der Performance-Steigerung sowie der Indexierung oder bei Begrenzungen im Datenbankzugriff bzw. bei den API-Aufrufen (Kostenfalle).

Alles in allem geht es aber immer um eine **geschäftsprozessübergreifende Einschätzung**.

Business Engineering - Systemebene

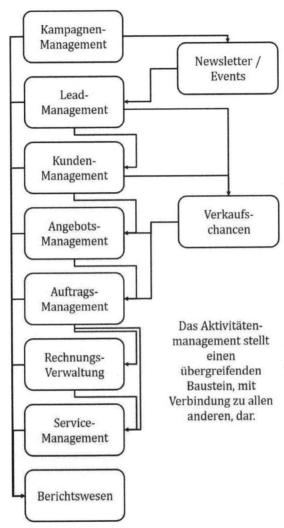

Abbildung 25: Standard-CRM-Prozess (BE-S-7-P)

8. Rückübermittlung von Informationen

Wenn die Geschäftsprozesse vorsehen dass die Beteiligten sich untereinander austauschen, muss der Rückfluss von Informationen auch technologisch berücksichtigt werden. Das wesentliche Ziel dabei ist, dem ursprünglichen Sender durch die Rückmeldung des Empfängers die Möglichkeit zu geben, **Korrekturen im Vorgehen** einzuleiten. Da im Rahmen dieses Ablaufes allerdings noch keine detaillierte Benennung von spezifischen Inhalten dokumentiert werden soll, konzentriert sich das Erfassen der Anforderung hier zunächst einmal auf die **Kategorisierung der Reaktionen von Informationsempfängern**. Diese groben Kategorisierungen weisen naturgemäß eine gewisse Unklarheit auf, die aber später (im Ablauf 6. *Spezifizierung von Kollaborationen* des Requirements Engineering, Problemstellung) noch genauer untersucht werden.

Bei den Rückmeldungen benötigt der Sender, in diesem Fall die Person, die den Prozess operativ einleitet, eine **Resonanz über die Verständlichkeit, die Möglichkeit zur Verarbeitung, die Umsetzungsfähigkeit und die Fortführungsnotwendigkeit** der von ihr gelieferten Ausgangsinformationen. Diese Kategorisierungen lassen sich nicht immer klar voneinander trennen und bedingen sich teilweise gegenseitig, sollten aber zur Prozessimplementierung abgefragt werden, um ein vollständiges Bild zu gewährleisten. Denn erst auf diese Weise ist es dem Sender möglich, **Rückinformationen über den Verlauf und die Ergebnisse der von ihm ausgelösten Aktivitäten** zu erhalten. Im Geschäftsalltag wird dadurch sichergestellt, dass eine **Überprüfung und ggf. Korrektur der beabsichtigten Wirkung auf den unternehmerischen Erfolg** vorgenommen werden kann.

Um sich nicht im Detail zu verlieren, muss der Fokus dabei auf verlässlichen, aber auch verallgemeinerbaren Informationen liegen. Die Rückinformationen müssen also **in ihrer Gesamtheit nützlich und interpretierbar** sein. Ist dies im Einzelfall nicht möglich oder muss der Sender ein tieferes Verständnis erlangen, kann das über den Zugang zu den Detailinformationen bzw. den direkten Austausch mit den Personen, von denen die Rückinformationen kommen, erfolgen.

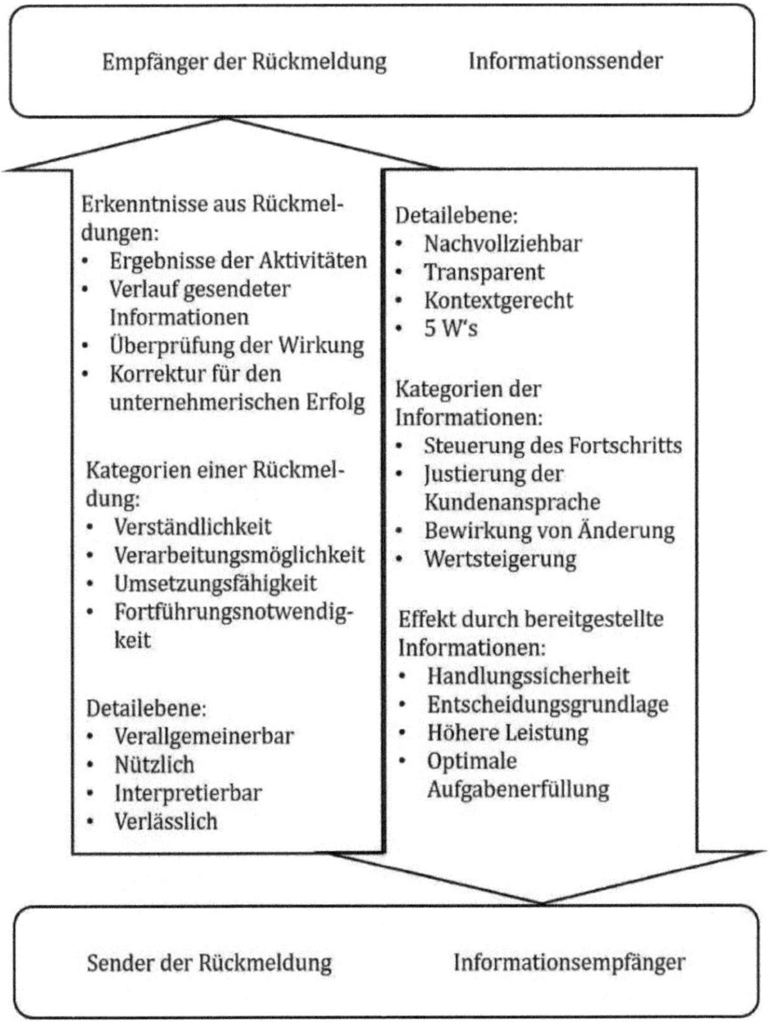

Business Engineering - Systemebene

```
┌─────────────────────────────────────────────────────────────┐
│   Empfänger der Rückmeldung        Informationssender       │
└─────────────────────────────────────────────────────────────┘
```

Erkenntnisse aus Rückmeldungen:
- Ergebnisse der Aktivitäten
- Verlauf gesendeter Informationen
- Überprüfung der Wirkung
- Korrektur für den unternehmerischen Erfolg

Kategorien einer Rückmeldung:
- Verständlichkeit
- Verarbeitungsmöglichkeit
- Umsetzungsfähigkeit
- Fortführungsnotwendigkeit

Detailebene:
- Verallgemeinerbar
- Nützlich
- Interpretierbar
- Verlässlich

Detailebene:
- Nachvollziehbar
- Transparent
- Kontextgerecht
- 5 W's

Kategorien der Informationen:
- Steuerung des Fortschritts
- Justierung der Kundenansprache
- Bewirkung von Änderung
- Wertsteigerung

Effekt durch bereitgestellte Informationen:
- Handlungssicherheit
- Entscheidungsgrundlage
- Höhere Leistung
- Optimale Aufgabenerfüllung

```
┌─────────────────────────────────────────────────────────────┐
│   Sender der Rückmeldung           Informationsempfänger    │
└─────────────────────────────────────────────────────────────┘
```

Abbildung 26: Rückübermittlung von Informationen (BE-S-8-T)

Wie bereits in einem früheren Ablauf beschrieben (6. Praxistauglichkeit in Kapitel *Business Engineering* – Organisationsebene), muss der gegenseitige Informationsaustausch auch zu einer **Verbesserung** führen, die schlussendlich **für die Kunden spürbar** wird.

Am gewählten Praxisbeispiel würde die richtige Umsetzung der theoretischen Inhalte dazu führen, dass der kundenbetreuende Berater von den Kollegen aus der Produktion die notwendigen Informationen erhält, um an den richtigen Stellen mit den richtigen Maßnahmen einzugreifen. So würde er z. B. bei den prognostizierten Fertigungszeiten erfahren, ob die üblichen Lieferzeiten das normale bzw. vorgegebene Maß der Vereinbarung mit dem Kunden überschreiten. Spezifischere Details zu den Rückinformationen (z. B. Details zur Freigabe für den Fertigungsprozess) bräuchten im Rahmen dieses Ablaufes noch nicht konzeptioniert werden.

Damit wäre der erste konzeptionelle Schritt getan, um die richtige Informationsübermittlung, vom beauftragenden Kunden über den Vermittler bis hin zu den Einzeldienstleistern und, die ganze Kette, zurück zum Auftraggeber, zu gewährleisten.

Dieser Punkt ist deshalb besonders beachtenswert, weil die **Integration der Kunden in den Wertschöpfungsprozess** auf diese Weise sichergestellt ist. Über den gemeinsamen, technologisch unterstützten und geförderten Austausch über die Kundenbelange entwickeln die Initiatoren von Aktivitäten und die Resonanzgeber ein **gemeinsames Verständnis der Anforderungen**. Allerdings muss im Rahmen dieses Ablaufes darauf geachtet werden, dass die kategorisierten Informationen zu der Möglichkeit führen, eine **angemessene Reaktion auf die gelieferte Resonanz** zu entwickeln. In der Praxis hat sich dafür die **Ampeldarstellung** etabliert. So werden Über- oder Unterreaktionen vermieden, die beide jeweils zu Verunsicherungen auf Kundenseite führen könnten. Ebenso sollte beachtet werden, dass auch im Rahmen dieses Ablaufes auf die Anwendung erlaubter und unerlaubter Unschärfe (Ablauf *5. Prozessendpunkte benannt*, Organisationsebene im Rahmen des Business Engineering) geachtet werden muss.

Business Engineering - Systemebene

```
┌─────────────────────────────────────────────────────────────┐
│                          Kunde                              │
│  ┌───────────────────────────────────────────────────────┐  │
│  │                        Berater                        │  │
│  │     Empfänger der Rückmeldung    Informationssender   │  │
│  └───────────────────────────────────────────────────────┘  │
│                                                             │
│  ┌──────────────────────────┬──────────────────────────┐    │
│  │ Erkenntnisse aus Rückmel-│ Detailebene:             │    │
│  │ dungen:                  │ • Berater übermittelt    │    │
│  │ • Rückmeldung an Kunden  │   Bestellinformationen   │    │
│  │   erfolgt. Nachbesprech- │   mit Spezifikationen    │    │
│  │   ung kann initiiert     │   durch Kunden           │    │
│  │   werden. Folgebestel-   │                          │    │
│  │   lung wird eingeleitet. │ Kategorien der           │    │
│  │                          │ Informationen:           │    │
│  │                          │ • Adaption der           │    │
│  │ Kategorien einer Rück-   │   Kundenwünsche während  │    │
│  │ meldung:                 │   der Umsetzung zum      │    │
│  │ • Produkt- und Liefer-   │   internen Wissensaufbau │    │
│  │   details sind vermerkt. │                          │    │
│  │   Besonderheiten und     │                          │    │
│  │   Verzögerungen sind     │ Effekt durch bereitge-   │    │
│  │   gesondert dargestellt. │ stellte Informationen:   │    │
│  │                          │ • Produkterstellung      │    │
│  │ Detailebene:             │   gemäß Vereinbarung     │    │
│  │ • Statusmeldung mit      │   mit ausreichend        │    │
│  │   Ampelfarben zum Stand  │   Informationen für eig. │    │
│  │   der Auftragsbearbeitung│   Entscheidungen im      │    │
│  │                          │   Fertigungsprozess      │    │
│  └──────────────────────────┴──────────────────────────┘    │
│                                                             │
│  ┌───────────────────────────────────────────────────────┐  │
│  │  Sender der Rückmeldung      Informationsempfänger    │  │
│  │                       Produktion                      │  │
│  └───────────────────────────────────────────────────────┘  │
│                        Unternehmen                          │
└─────────────────────────────────────────────────────────────┘
```

Abbildung 27: Kundeninformation nach Bestelleingang (BE-S-8-P)

9. Klärung der Adaptionsnotwendigkeit

Bei größeren CRM-Projekten, insbesondere einem länderübergreifenden Rollout oder innerhalb von Joint-Ventures, zeigt sich häufig, dass es nicht praktikabel ist, eine zentrale Lösung vollständig auf alle Niederlassungen bzw. Tochterfirmen anzuwenden. Daher wird meist eine Vorlage (engl. Template) verwendet, die dann im Laufe des Projektes erweitert wird. Das **Template als Basiskonsensansatz** muss dabei so konzeptioniert sein, dass die **Festlegungen übergreifende Gültigkeit** besitzen. Die Kombination aus Applikation, CRM-Funktionen und Prozessinterpretation soll es also erlauben, Prozesse in unterschiedlichen Kontexten so auszuführen, dass die strategischen Ziele trotzdem erreicht werden.

Dafür ist die **Erstellung eines Regelkataloges** bzw. einer Richtlinie ein überaus wichtiges Kriterium. Denn darin wird geregelt, mit welchen Details eine **Erhöhung der Gebrauchstauglichkeit** erreicht werden kann, was zu einem System führt, das genau diese **Möglichkeit der Kontextadaption** bietet.

Um zu gewährleisten, dass die CRM-Funktionen also in möglichst vielen Szenarien angewendet werden können, sind drei Faktoren relevant. Erstens muss die **Verfügbarkeit der Software und ihrer Funktionen** gewährleistet sein. Zweitens muss die **situationsbezogene Anwendungsnotwendigkeit** (Minimum ist die Erfüllung der Bedürfnisse) berücksichtigt sein. Drittens muss die **Interaktionsfreiheit** ermöglicht sein, das heißt, dass die Benutzer im Rahmen der Geschäftserfordernisse frei sein müssen, also ohne Konflikte agieren können. Erst wenn die festgelegten Regeln diese drei Punkte berücksichtigen, ist eine Kontextadaption des CRM-Systems gewährleistet. Darunter wird demnach ein System verstanden, das in seiner Gesamtheit bei den unterschiedlichen Erfordernissen des Geschäftsalltages unterstützen kann.

Das CRM-System muss dabei immer auch im Kontext anderer Systeme betrachtet werden. Denn in einer heterogenen IT-Landschaft können auch andere, angebundene Systeme durch situative Anpassungen mehreren Änderungen unterliegen bzw. diese auch selbst bewirken.

Business Engineering - Systemebene

	Template				Lokalisation		
	Verfügbarkeit	Minimum	Interaktions-freiheit	Prozess-gegenüber-stellung	Verfügbarkeit	Minimum	Interaktions-freiheit
Applikation (hier CRM-System)							
Funktion der Applikation				Prozess A	Prozess B		
Technologische Prozess-interpretation				Prozess A	Prozess A		

Tabelle 5: Template vs. Lokalisation (BE-S-9-T)

Diese Darstellung hat eher beispielhaften Charakter. Es soll also nicht darum gehen, diese Tabelle auszufüllen, sondern überblicksartig zu erkennen, für welche Kriterien Prozessabbildungen im Rahmen des Templates sowie für die Lokalisation beachtet werden müssen. Dafür können auch verschiedene Prozesse existieren und diese (siehe Bespiel mit Prozess A und Prozess B) gegenübergestellt und somit ein Bezug hergestellt werden.

Meist läuft dieser Vergleich bereits automatisch im Rahmen der Fit-Gap-Analyse für den geplanten Rollout in einem Land ab. Allerdings wird es mit zunehmenden Lokalisierungen schwieriger, die komplexen Details im Auge zu behalten.

Wie bereits im theoretischen Teil empfohlen, sollte der Entwicklung eines **Templates** mit späteren Anpassungen für lokale Anforderungen Vorrang gegeben werden. In der Praxis sind aber durchaus auch Projekte zu finden, die lediglich eine **zentrale Lösung** vorsehen. In Ausnahmefällen gibt es noch eine weitere denkbare Alternative: Dabei werden zuerst die **lokalen Implementierungen** vorgenommen, aus deren Gemeinsamkeit dann eine Basis abgeleitet wird. Dem liegt die Annahme zugrunde, dass die Ausarbeitung der Kontextadaptionsmöglichkeit so viele Ressourcen verbrauchen würde, dass es ökonomischer ist, umgekehrt vorzugehen. Unabhängig von der gewählten Vorgehensweise kommt es allerdings häufig zu einer falsch verstandenen Umsetzung der Kontextadaption. Dabei fehlt die **Angemessenheit der Umsetzung**. Diese tritt insbesondere dann auf, wenn kein strukturiertes Vorgehen (z. B. im Rahmen der Abläufe dieses Buches) eingehalten wird. Dabei wird der Schwerpunkt so gesetzt, dass alle denkbaren Szenarien abgebildet werden, um jede Prozessvariation zu ermöglichen. Die Anwender werden dadurch häufig verwirrt und nehmen das System schlussendlich als kompliziert wahr. Ein strukturiertes Vorgehen würde das verhindern, weil erst ein Gesamtbild erarbeitet und daraus dann die Implementierung abgeleitet wird.

Am Beispiel eines Besuchsberichts (siehe Darstellungen rechts) lässt sich dies gut darstellen. Dabei kann es Außendienstmitarbeiter geben, die nur sehr spezielle Themen mit Kunden besprechen und dementsprechend immer nur einen Besprechungspunkt forcieren. Andere Außendienstmitarbeiter derselben Firma behandeln mehrere Besprechungspunkte im Rahmen des Kundenbesuchs. Anstatt nun beide Möglichkeiten im System abzubilden, ist es besser, die letztere Variante abzubilden. Für die ersteren Außendienstmitarbeiter bedeutet diese Vorgehensweise zwar ggf. zusätzliche Klicks, das Systemverhalten ist dafür aber immer dasselbe und wird als stringent wahrgenommen.

Der Vorteil dieser **adäquaten Kontextadaption** besteht darin, dass beim Berichtswesen, dem Aufbau der Eingabemasken, bei der Berechtigungsvergabe sowie der Auffindbarkeit von Daten keine zusätzlichen Aufwände entstehen. Hinzu kommt die Vermeidung redundanter Datenhaltung.

Business Engineering - Systemebene

Kontextadaption mit zwei Anlagemöglichkeiten: Je nach Mitarbeitertyp können alle Inhalte (inkl. Agendapunkte) in der Tabelle *Besuchsbericht* abgelegt und ein Bezug zum *Kunden* sowie *Projekt* hergestellt werden. Bei mehreren Agendapunkten können diese in der Tabelle *Agendapunkte* mit jeweiligem Bezug zum *Kunden* und zum *Projekt* abgelegt werden.

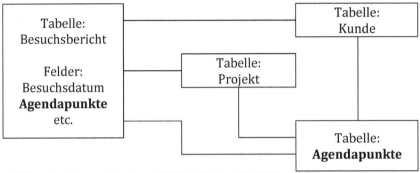

Abbildung 28: Kontextadaption mit 2 Möglichkeiten (BE-S-9-P)

Kontextadaption mit einer Anlagemöglichkeit: Beide Mitarbeitertypen legen einen *Besuchsbericht* mit einem bzw. mehreren Agendapunkten an. Die *Agendapunkte* verweisen auf den jeweiligen *Kunden* und das besprochene *Projekt*.

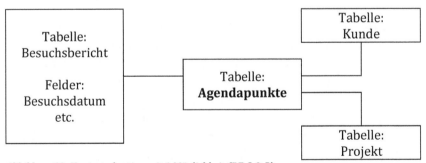

Abbildung 29: Kontextadaption mit 1 Möglichkeit (BE-S-9-P)

Letzteres Modell zwingt die Anwender der ersten Gruppe, zwar immer einen Klick mehr zu machen, um Agendapunkte anzulegen, das Systemverhalten ist aber für alle Anwendergruppen gleich, erleichtert die Auffindbarkeit der Daten und ist somit adäquater im Gesamtkontext.

10. Machbarkeitsnachweis

Aufgrund der bisherigen detaillierten Betrachtung ist es im Folgenden möglich, die geschäftskritischen **Prozesse bzw. Prozessteile mit größerer Bedeutung für die Erreichung des strategischen Ziels** eindeutig zu identifizieren. Dabei geht es nicht um die Relevanz der Prozesse bzw. -teile (qualitative Aspekte), diese Betrachtung erfolgt von nun an auf Detailebene, sondern um eine **Einschätzung der Wichtigkeit**. Dazu zählen vorwiegend **messbare Kriterien**, die Auswirkungen auf das Projekt haben.

Es muss also entschieden werden, welche Implementierungen bereits in einem frühen Stadium benötigt werden, um im Fortschritt des Projektes abschätzen zu können, ob die Erfolgskriterien (Qualität, Zeit, Ressourcen und Aufwand) eingehalten werden. Dieser Machbarkeitsnachweis (engl. Proof of Concept (kurz: PoC)) ist ein **Meilenstein** im Projekt und dient der **Risikominimierung**, der genaueren **Validierung kritischer Anforderungen** an die spätere Anwendung sowie dem Ziel, eine erste **Rückmeldung zur Akzeptanz** durch die Anwender zu erhalten.

Bei der Softwareentwicklung erfolgt im Rahmen des PoC eine **partielle Umsetzung für eine kleine Anzahl an repräsentativen Anwendern**. Die Prämisse liegt dabei ausschließlich auf der **technologischen Lösungsbereitstellung** für benannte Probleme. Dieser Punkt ist beachtenswert, weil für die identifizierten Prozesse bzw. Prozessteile zum definierten Zeitpunkt **keine Evaluierung der finanziellen Machbarkeit** erfolgen soll bzw. darf. Damit ist die Abgrenzung sichergestellt, dass lediglich PoCs für die technische Transformationsleistung und nicht für ein Geschäftsmodell unternommen werden. Als weitere Form des PoC ist es aber auch denkbar, die mobile Verfügbarkeit der CRM-Informationen hinsichtlich ihrer Darstellbarkeit zu demonstrieren. Hierbei sind auch finanzielle Erwägungen denkbar, weil die digitale Bereitstellung einer Lösung geräteabhängig und durch den schnellen Fortschritt der Entwicklung finanziell schlecht vorher in all seiner Konsequenz abgesehen werden kann.

Business Engineering - Systemebene

Resultate von Machbarkeitsnachweisen

Resultate des Machbarkeitsnachweises ←	Machbarkeitsnachweise →	Resultate des Machbarkeitsnachweises
Negativ	Allgemein	Positiv
• Zu erwartende Abweichungen vom Projektziel • Lücken im Wissensstand aufdecken • Fehlentwicklungen aufzeigen • Lücken in Projektsteuerung offenlegen	• Kommunikation und Verständnis fördern • Visuelle Repräsentation des Projektfortschritts • Systemübergreifende Vergleichbarkeit herstellen	• Realisierbarkeit validieren • Change Management unterstützen • Akzeptanzgrenzen ermitteln • Erreichung eines Meilensteines • Kernfunktionalitäten aufzeigen

Tabelle 6: Resultate von Machbarkeitsnachweisen (BE-S-10-T)

Kriterien für die Beschreibung eines Machbarkeitsnachweises

Kriterien pro Machbarkeitsnachweis	Bemerkung
Art des Nachweises	Mockup
Prozessbezug	Kontaktanlage
Vorbedingungen	Pflichtenheft erstellt, nicht abgenommen
Ziel des Nachweises	Szenarien zur Duplikatprüfung darstellen
Systemübergreifend (Ja/Nein)	Nein
Detailgenauigkeit	Auf Feld-Ebene
Umgang mit Resultat	Aktualisierung des Pflichtenheftes
Schrittbeschreibung	1. Eingabe von Regeln für Duplikatprüfung 2. Erstellung von Routinen für Prüfungen (inkl. Filterkriterien) 3. Darstellung der Ergebnisse einer Prüfung 4. Auswahlmöglichkeiten für Anwender nach Erscheinen der Warnmeldung

Tabelle 7: Kriterien eines Machbarkeitsnachweises (BE-S-10-T)

Business Engineering - Systemebene

Es gibt unterschiedliche Ansichten darüber, für welche Prozesse bzw. Prozessteile der Machbarkeitsnachweis erfolgen sollte. Meistens argumentieren die gegensätzlichen Positionen dabei entweder aus einer qualitativen (Relevanz) oder einer quantitativen Perspektive (Wichtigkeit), sehen jedoch trotzdem gleichsam eine entsprechende Bedeutung.

Für die im theoretischen Teil vorgeschlagene Auswahl von wichtigen Prozessen und Prozessteilen (quantitative Betrachtung) sprechen die, insbesondere in größeren Projekten, zur Implementierung notwendigen Systeme bzw. die mit der Umsetzung beauftragten Partner und/oder Mitarbeiter. Es gestaltet sich einfacher, zuerst den Prozess über die Systeme hinweg zu etablieren bzw. die Partner auf eine gemeinsame Lösung einzuschwören, anstatt die Qualität anzustreben und anschließend die Verknüpfung von Systemen bzw. den Austausch zwischen den Beauftragten zu starten. Letzteres Vorgehen würde mit sich bringen, dass die qualitativ hochwertigen Prozesse dann noch einmal von einer starken Änderungsnotwendigkeit betroffen sind. Das ist deshalb zu vermeiden, weil die Erreichung einer hohen Qualität meist mit viel Aufwand einhergeht. Dieses Vorgehen darf aber nicht zum Dogma erhoben werden. Die bereits in vorangegangenen Abschnitten erwähnten Kreditvergabeprozesse stellen z.B. eine solche Ausnahme dar, weil sie ein hohes Risiko aufweisen. Und selbst wenn lediglich für die wichtigen Prozesse bzw. Prozessteile ein Machbarkeitsnachweis erfolgen soll, kann über die **Art des Nachweises** eine qualitative Komponente einfließen. Denn für den Nachweis der Machbarkeit werden, auch aus Gründen der **Kostenersparnis**, häufig Attrappen erstellt. Dabei gibt es sogenannte (hier weniger benötigte) visuelle Gestaltungsentwürfe (engl. **Wireframe** bzw. Screen Blueprint) sowie **Mock-ups (Attrappen ohne Funktion)** und die etwas besser bekannten **Prototypen (Attrappen mit Funktion)**. Je nach Wahl der Attrappe ist der qualitative Anteil bereits ausgeprägter. Es können auch beide Attrappen als Machbarkeitsnachweis erstellt werden. Dabei können für ein frühes Stadium im Projekt, und den anfangs noch fehlenden **Erkenntnisgewinn**, das Mock-up und, für ein späteres Stadium, der Prototyp gewählt werden.

Business Engineering - Systemebene

Kriterien \ Art	Machbarkeitsnachweise		
	Wireframe	Mock-up	Prototyp
Merkmale	Vage, schwarz-weiß, skizzenhaft	Statisch, flexibel, repräsentativ	Interaktiv, übergreifend, nachvollziehbar
Genauigkeit	Sehr gering	Gering bis mittel	Hoch
Kosten	Sehr gering	Mittel	Hoch bis sehr hoch
Verwendung	• Meist für Websites • Zur Dokumentation im Projektverlauf geeignet	• Für Komponenten der Software • Keine Wiederverwendung	• Für Module der Software • Wiederverwendung gewährleistet
Kommunikation	• Erstes gemeinsames Verständnis • Schnell und unverbindlich • Verteilbar	• Erste realistische Impression • Grobe Festlegung • Nicht verteilbar	• Anwendungsnähe greifbar • Teamorientiert • Nicht verteilbar
Relevanz im Projekt	• Feedback kann eingeholt werden • Anforderungsaufnahme wird unterstützt	• Zustimmung der Stakeholder wird eingeholt • Gemeinsames Verständnis	• Förderung des Vertrauensverhältnisses • Qualität wird nachvollziehbar
Schnittstelle	Ohne Bedeutung	Ohne Bedeutung	• Ggf. Rückgrat der Schnittstelle
Zielgruppe	Entscheider	Mittleres Management	Operative Kräfte
Wann	Während der Workshops	Nach Anforderungsaufnahme	Zur Testvorbereitung

Tabelle 8: Vergleich von Machbarkeitsnachweisen (BE-S-10-P)

Requirements Engineering – Problemstellung

Bisher wurden im Rahmen des Business Engineering die zur Wertschöpfung notwendigen Prozesse inklusive ihrer systemspezifischen Anforderungen festgehalten. Während dabei zu Beginn der ersten zehn Abläufe eine umfassende Beschreibung der Organisation stattfand, wurde im Rahmen der darauffolgenden zehn Abläufe eine Detaillierung der Teilprozesse und der damit verbundenen Aktivitäten vorgenommen.

Mit den folgenden Abläufen im Rahmen des Requirements Engineering muss die Grundlage für die spätere Implementierung, z. B. durch Anpassung oder Entwicklung des CRM-Systems bzw. seiner Komponenten, gebildet werden. Diese Grundlage ist notwendig, um die spätere Erhöhung des technischen Erkenntnisgewinns zu ermöglichen, der wiederum erst zu einer brauchbaren Umsetzung führen kann.

Vordergründiges Ziel ist die **Beseitigung von bestehenden Wissensrückständen** sowie die **Übergabe an die Verantwortlichen für die technologische Implementierung**. Im Detail beinhaltet dies die genaue Beschreibung von Problemen inklusive ihrer Ursachen. Denn erst durch die Behandlung der Ursachen wird es möglich, die daraus resultierenden Probleme zu lösen.

Als Ursachen werden alle Kriterien identifiziert, die entweder zu einem fehlerhaften Entwicklungsprozess führen könnten, die eine mangelnde Kommunikation nach sich ziehen, auf Lücken beim Wissen oder Verständnis hinweisen und/oder Defizite im Bereich der Dokumentation oder des Managements beschreiben. Mit diesem Katalog an Ursachen werden die **Problemfelder des Entwicklungsprozesses, der Interaktion der Beteiligten** im Rahmen der Geschäftsprozesse sowie der **Erwartungen an die Prozessimplementierung** behandelt.

In der Gesamtheit der Ursachenbetrachtung und der anschließenden Anwendung auf die drei Problemfelder soll ein transparentes Vorgehen erreicht werden, das die Kommunikation und den Austausch fördert und eine Fokussierung auf komplexe Details ermöglicht.

1. Problem- anstelle Lösungsbeschreibung
Alle bisherigen Prozessbeschreibungen werden daraufhin geprüft, ob die Probleme genau benannt wurden. Diese Prüfung beinhaltet verschiedene Kriterien, allerdings ist das vordergründige Ziel die **Vermeidung einer technischen Lösungsbeschreibung**. Das bedeutet, nicht alle der unten aufgeführten Kriterien für die Beschreibungen der Probleme müssen unbedingt erfüllt werden, solange nur vermieden wird, dass eine vorgezogene Beschreibung der technischen Implementierung stattfindet.

Auch wenn bei den Prozessbeschreibungen zwischen **vergangenheitsbezogenen Punkten (Ursachen und daraus resultierende Probleme) und Zukunftsbetrachtungen (Herausforderungen)** differenziert wird, darf bei der Prüfung kein Unterschied gemacht werden. Es muss lediglich der Fokus darauf gelegt werden, die Hintergründe für beide Anforderungsbereiche ausreichend darzustellen.

Dabei ist darauf zu achten, dass **möglichst allgemeingültige Aussagen** getroffen werden, um die Umsetzung nicht einzugrenzen. Um die Aussagen zu erfassen, werden nur **Wünsche und Anforderungen** aufgenommen. Bereits hierbei kann darauf geachtet werden, dass diese Beschreibungen von nun an die **Grundlage für alle folgenden Dokumentationen** bilden. Das bedeutet, diese müssen so aufbereitet sein, dass sowohl die einwandfreie **Identifizierbarkeit der aussagenden Person** als auch die **Nachvollziehbarkeit ohne Vorwissen**, z. B. für neue Mitarbeiter des Unternehmens, möglich ist. Sie sollten, ebenso wie bereits für die Prozesse geschehen, **für die Nachvollziehbarkeit des Ursprungs durchnummeriert** werden. Da die Aussagen allgemeingültig sein sollen, wird ein weiteres wichtiges Kriterium erfüllt. Denn die Anforderungen sind **kein Bestandteil von Verträgen** und haben auch **keinen Einfluss auf die Abnahme der Implementierungen**. Wobei es dabei zu beachten gilt, dass diese trotzdem so genau sein müssen, dass eine vertragsgerechte und abnahmefördernde Ableitung der kommenden Lösungsbeschreibung möglich ist. Dieses Dilemma sollte bei kritischen Punkten ggf. individuell geprüft werden.

Requirements Engineering - Problemstellung

Ishikawa-Diagramm zur Problemanalyse (Allgemein)

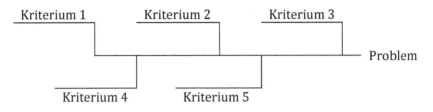

Abbildung 30: Ishikawa-Diagramm für Problemanalyse (RE-P-1-T)

Ishikawa-Diagramm zur Problemanalyse (Beispiel)

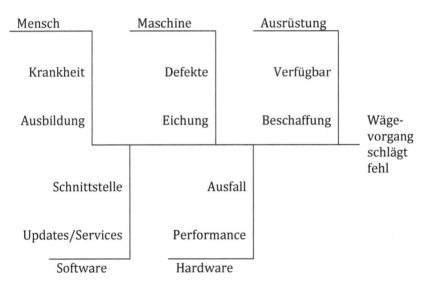

Abbildung 31: Problemursachen für Wägevorgang (RE-P-1-T)

Bei der Detaillierung der Prozessbeschreibungen wurde bisher darauf geachtet, dass eindeutige Symboliken und nachvollziehbare Beschreibungen enthalten sind. Im Rahmen des Requirements Engineering erfolgt nun allerdings eine vertiefte technische Betrachtung, die eine vertiefte Art der Darstellung notwendig machen kann. Dies ist jedoch nur in seltenen Fällen gefordert, kann allerdings weiter durch **Modellierungssprachen** wie UML, BPMN, SPEM, AADL, PTO-LEMY, Petri-Netz, PAP, ER-Modell unterstützt werden. Da bis zu diesem Zeitpunkt bereits ein hoher Aufwand in die Erstellung der Prozesse geflossen ist, sollte eine Fortführung stattfinden bzw. nur für spezielle Teilprozesse auf neue Mittel zurückgegriffen werden. Dabei lohnt es sich, die Modellierungssprachen hinsichtlich ihrer Einteilung auszusuchen. Denn je nachdem, ob eher eine **formelle oder eine informelle bzw. eine eher visuelle oder textuelle Darstellung** gewünscht ist, fallen die anders kategorisierten Modellierungssprachen aus der Auswahlliste heraus. Visuelle Darstellungen sind meist sehr aussagekräftig, während sich bei textuellen Problembeschreibungen schnell Probleme zeigen. Häufig wird vorschnell von der im theoretischen Teil beschriebenen Darstellung der Hintergründe und Ursachen abgewichen. Das führt in der Praxis dazu, dass bereits eine bestimmte Vorstellung von der Lösung existiert, die sich nur schwer mit der später entwickelten Lösung in Einklang bringen lässt. Um dies zu vermeiden, muss sich zum einen an die bereits beschriebenen Grundlagen gehalten werden, zum anderen aber auch darauf geachtet werden, dass ein gleiches Verständnis über die Art der Dokumentation entsteht. Der in der Softwareentwicklung häufig genutzte Begriff des **Lastenheftes** entspricht den bis hierher festgehaltenen Grundlagen. Im späteren Projektverlauf dient dann das **Pflichtenheft** als Fortführung und Vertiefung der Details. Gelegentlich einigen sich die Teilnehmenden allerdings auf die Erstellung eines Konzeptes oder Blueprints. **Beide unterliegen aber keiner genauen Inhaltsdefinition und entsprechen lediglich der Formulierung einer Vision bzw. Visualisierung.** Durch die Erstellung zum falschen Zeitpunkt werden sie daher eher oft zu einem Risiko im Projekt, als den eigentlichen Zweck des jeweiligen Dokumentes zu nutzen.

Requirements Engineering - Problemstellung

Vergleich von Konzept, Lastenheft, Pflichtenheft und Blueprint

	Erfassung	Spezifikation		Visualisierung
	Konzept	Lastenheft	Pflichtenheft	Blueprint
Ziel	Verdeutlichung einer Vorstellung bzw. Vision	Sammelt die Anforderungen und Wünsche des Auftraggebers	Ermöglichung einer technischen Umsetzung	Einbindung von Kunden in den Projektverlauf
Aufbau	Unstrukturiert	Teilstrukturiert nach Prozessen o. Abteilung	Siehe Ablauf 9 (RE-P)	Grafische Darstellung der Anwendung
Detailgenauigkeit	Es werden keine Details genannt	So allgemein wie nötig, so viele Details wie nötig, um den Hintergrund darzustellen	Es beschreibt, *was* umgesetzt werden soll, aber nicht, *wie* es umgesetzt werden soll	Ergänzung der Pflichtenheftinhalte
Inhalt	Vorschläge u. Ideen im Entwurfsstadium; beabsichtigte Mittel	Prosaische Form; ansonsten siehe Ablauf 1 (RE-P)	Detaillierte Auflistung; ansonsten siehe Ablauf 9 (RE-P)	Wertfreie Darstellung über deskriptive Beschreibung
Aufwandsschätzung	Nicht möglich	Grobe Schätzung möglich	Genaue Festlegung möglich	Nicht beabsichtigt
Bemerkung	Für gemeinsames Verständnis zweier Parteien geeignet	Oft für schnellen Projekteinstieg genutzt; nicht abnahmerelevant	Sie sind keine Dokumentation der finalen Umsetzung in der Software	Für innovative Ansätze oder Systemablösung geeignet

Tabelle 9: Vergleich von Dokumentationsarten (RE-P-1-P)

2. Benennung von Praxisbeispielen

In diesem Ablauf geht es darum, die benannten Prozesse hinsichtlich der sich daraus (möglicherweise) ergebenden Probleme genauer zu beschreiben. Da eine spätere Umsetzung eine Gebrauchstauglichkeit aufweisen muss, ist bereits hier darauf zu achten, dass die Schilderung fachbezogen und alltagsnah erfolgt. Dafür sollten die Prozesse bzw. Teilprozesse **im Rahmen einer Checkliste geprüft** werden. Die darin benannten **Kriterien zur Problembeschreibung** gewährleisten zum einen die eben genannte **Gebrauchstauglichkeit der Lösung**, sorgen zum anderen aber auch für die **Vergleichbarkeit der Probleme** untereinander. Dieser Punkt kann später wichtig sein, wenn es darum geht, eine Priorisierung durchzuführen.

Die Checkliste sollte zum einen die ausführliche Beschreibung des Problems enthalten. Diese Beschreibung kann auch in Form einer **Situationsbeschreibung** erfolgen. Zum anderen muss beschrieben werden, für welche **Bereiche** (bzw. Personengruppen/Abteilungen) das Problem auftritt. Die Information zum **Ursprung des Problems inklusive einer Zeitangabe** lässt weitere Rückschlüsse zu, weil so ggf. die Ausgangslage mit beurteilt werden kann. Auch die **Folgen des Problems** stellen eines der Kriterien dar, weil sich daran ableiten lässt, welcher Arbeitsaufwand ggf. gerechtfertigt ist. Die **Beteiligten** sollten dann erwähnt werden, wenn das Problem auch Partnerunternehmen oder Dienstleister betrifft bzw. beeinflusst. Sollten **Mittel oder Maßnahmen im Einsatz** sein, die (vorübergehend) zur Problembehebung eingesetzt werden, ist auch dies zu vermerken. Meist hat sich auch ein Alternativprozess ergeben bzw. musste eingeführt werden, um dem Problem zu begegnen. Diese **derzeitige Problemhandhabung** gehört ebenso zur Checkliste bei der Überprüfung der Prozesse. Meist ergibt sich in diesem Zusammenhang auch bereits die **Beschreibung einer befriedigenden Zielerreichung**. Die Checkliste unterstützt somit die **Ein- und Abgrenzung** von Problemen und dient dazu, diese **klar, neutral, präzise und unmissverständlich** zu formulieren. Ergänzend, wie vorab erwähnt, mittels einer Modellierungssprache oder, wie im gewählten Beispiel, anhand einer rein textuellen Beschreibung.

Requirements Engineering - Problemstellung

Problembeschreibung – Theorie

Prozess
Bezug zum Prozess zur Nachvollziehbarkeit wird benötigt.
Lfd. Nr. (Dokumentation)
Ein Prozess kann mehrere Beschreibungen benötigen.
Quelle
Benannt werden sollten die Personen, Termine und Workshops, bei denen die Aufnahme stattfand.
Aktuelle Defizite (IST)
Es wird eine lösungsneutrale Beschreibung benötigt. Sie sollte Handlungsspielräume ermöglichen und alle Betroffenen aufzählen.
Anlass für Anforderungsstellung (Ursache)
Die Ursachenbeschreibung muss wertneutral und ohne Anschuldigungen auskommen. Sie darf den Anfragesteller nicht zum Opfer äußerer Umstände degradieren. Es darf nicht möglich sein, Vermeidungsstrategien zu fördern.
Messkriterien (Quantität)
Anhand der hier aufgeführten Punkte erfolgt eine abschließende, messbare Validierung der Zielerreichung für die Abnahme. Qualitätsaspekte dürfen hier nicht aufgeführt werden.
Zustand nach Problemlösung (SOLL)
Die Zustandsbeschreibung soll das Problem weiter eingrenzen. Offene Widersprüche müssen hier ausgeräumt werden. Die Beschreibung ist am hilfreichsten, wenn sie einen proaktiven Charakter aufweist, der Lösungsfindungen jeder Art (durch die Spezialisten) ermöglicht.

Tabelle 10: Inhalte einer Problembeschreibung (RE-P-2-T)

Die ausführliche Beschreibung eines Problems weist einen nicht zu unterschätzenden Vorteil auf. Denn durch die intensive Auseinandersetzung mit dem Prozess bzw. Teilprozess offenbart sich meist erst die Detailtiefe.

Wird z. B. im Rahmen der Checklistenbearbeitung noch einmal das Beispiel des Wägeprozesses (Ablauf 6. *Praxistauglichkeit* im Kapitel Business Engineering, Organisationsebene) berücksichtigt, erfolgt nun auch eine Beschreibung des aktuell angewandten Prozesses. Dieser beinhaltet die bisher gemachte praktische Erfahrung und beschreibt deshalb, wie mit einer unerwartet auftretenden Verzögerung im Ablauf umgegangen wird. Dieser Fall war bei dem Entwurf des idealen Prozesses noch nicht berücksichtigt, stellt aber einen real anzutreffenden Fall dar.

Mithilfe der erfolgenden Detaillierung wird ein wesentlicher Schritt getan, um dem vordergründigen Ziel des Wägeprozesses weiter nahezukommen, nämlich der Vermeidung von Engpässen und rechtzeitigen Information der Prozessbeteiligten. Um dieses Ziel zu erreichen, ist es notwendig, möglichst alle Details aufzuarbeiten, da nur auf diese Weise die Vielfältigkeit eines solch komplexen Prozesses erfasst werden kann. Dies wiederum kann ausschließlich über ein strukturiertes Vorgehen, wie z. B. im Rahmen dieses Ablaufes, erfolgen, weil durch die Operationalisierung der Schritte sichergestellt ist, dass alle notwendigen Fragen gestellt werden.

Auf welche Art und Weise dies geschieht, sollte nach pragmatischen Gesichtspunkten entschieden werden. Entweder wird der ursprüngliche Prozess (*6. Praxistauglichkeit*) weiter detailliert, wovon abzuraten ist, weil die vorwiegend linearen Prozessdarstellungen bei rekursiven Abfolgen schnell die Grenzen des Machbaren erreichen. Alternativ kann die im vorangegangenen Ablauf (*1. Problem- anstelle Lösungsbeschreibung*) beschriebene Vorgehensweise fortgeführt und eine andere Art der Prozessbeschreibung genutzt werden, was durch die vorwiegend technische Fokussierung anzuraten ist. Als dritte Variante empfiehlt sich die im Beispiel dargestellte Variante, eine tabellarische Verschriftlichung vorzunehmen.

Requirements Engineering - Problemstellung

Problembeschreibung – Praxis

Prozess	
Kontaktaufnahme	
Lfd. Nr. (Dokumentation)	
001	
Quelle	
C.R. Müller - Vertrieb Workshop zur Kontaktanlage	
Aktuelle Defizite (IST)	
Das Problem ist, dass der Service über keine Duplikatprüfung verfügen. Daher gibt es viele doppelte Kundeneinträge in der Datenbank.	
Anlass für Anforderungsstellung (Ursache)	
Es ist in der Vergangenheit vorgekommen, dass Bestandskunden mehrfach angelegt und der Initiierungsprozess gestartet wurde. Dies ist zum einen Geldverschwendung, stößt aber auch bei den Kunden nicht auf Verständnis.	
Messkriterien (Quantität)	
Die Initiierungskosten pro Kunde belaufen sich auf ca. 200 EUR. Pro Monat kamen durch die fehlende Duplikatprüfung ca. 7.000 EUR an unnötigen Bewältigungskosten zustande.	
Zustand nach Problemlösung (SOLL)	
Das CRM-System soll Duplikate erkennen und für folgende Anlageprozesse greifen • Manuelle Anlage • Import von Kontaktdaten (auch Massenimport) • Anlage durch ext. System (z. B. Bürosoftware, ERP-System) • Anlage durch ext. Website (z. B. Kundenportal) Die Duplikaterkennung soll dem Anwender die Möglichkeit geben, die gefundenen Duplikate erkennen und vergleichen zu können. Die Duplikaterkennung soll dabei sowohl für Firmendaten als auch Kontaktpersonen greifen. Duplikatprüfungen sollen nicht nur für die Datenanlage, sondern auch als Routineprozesse, zur Qualitätssicherung des Datenbestandes, angelegt werden können. Diese Routineprozesse sollen zeitlich geplant werden und mit Regeln und Filterkriterien versehen werden können.	

Tabelle 4: Problembeschreibung Beispiel (RE-P-1-T)

3. Sonderfälle

Während im vorangegangenen Ablauf eine vertiefte Detaillierung der vorhandenen Prozesse erfolgt ist, muss in diesem Ablauf der **Fokus auf unternehmensspezifische Besonderheiten** gelegt werden. Dabei geht es um spezielle Fälle, die kennzeichnend für das Unternehmen und z. B. **wenig markt- oder branchenüblich** sind. Zur Identifikation dieser Sonderfälle gibt es keine Prüfliste, sodass von den Kennern des Unternehmens eine gewisse Form der Kreativität gefragt ist, sich in externe Personen, z. B. die technologischen Berater, hineinzuversetzen. Alternativ können auch bereits beauftragte Berater gebeten werden, eine Zusammenfassung zu erstellen oder, wenn durch einen gewissen Umfang begründet, ein Assessment durchzuführen.

Für diese Besonderheiten liegt i. d. R. **kein Pars-pro-toto-Prinzip** (ein Teil steht für das Ganze) vor, sie müssen also nicht zwangsläufig die Wertschöpfungs- oder Kernprozesse in ihrer Gänze widerspiegeln. Sie **stellen aber eine bedingende Variable dar**, das heißt, ohne deren Berücksichtigung werden zumindest ein Teil der Geschäftsprozesse nicht funktional abgebildet werden können. Das bedeutet, in der Wahrnehmung haben sie meist einen übergreifenden Charakter, aber eine **eher sekundäre bzw. tertiäre Auswirkung auf die Prozesse bzw. Teilprozesse.** Hier liegt die Schwierigkeit der expliziten Darstellung impliziter Vorgänge (vorab in Ablauf 3. *Abteilungsübergreifende Knotenpunkte* beim Business Engineering, Systemebene) darin, dass es weniger an der Fähigkeit mangelt, diese Sonderfälle zu beschreiben, sondern diese aus dem Alltag extrahieren und erfassen zu können. Daher gibt es auch kein standardisiertes Vorgehen zur Unterstützung. Vergleichbar damit, wie es wäre, jemand Unerfahrenem die Schwierigkeit des Fahrradfahrens (Halten des Gleichgewichts unter Beachtung der Geschwindigkeit, des Neigungswinkels und Lenkverhaltens) verständlich zu erklären.

Bei besonders schwierigen Sachverhalten kann sich aber des Wissensmanagements (engl. Knowledge Management) und seiner verschiedenen Methoden (z. B. Planung, Repräsentation, Dialog und Bewertung) bedient werden.

Sonderfälle am Beispiel des Marketings

Beispiel 1

Komplexitätskosten[6]
Definition: Komplexitätskosten sind relativ zu einem Ausgangskomplexitätsgrad zu definieren. Komplexitätskosten in Bezug auf eine bereits bestehende Komplexität sind die zusätzlichen Kosten, die aufgrund der Bewältigung einer erhöhten Komplexität entstehen.[7]
Bemerkung: Gemeint ist hier eine Zielkomplexität infolge gestiegener Bestrebungen, die Kundenzufriedenheit in einer inhomogenen Kundengruppe zu befriedigen. Je höher diese ausfallen, desto risikobehafteter sind Auswirkungen auf die technologische Implementierung aufgrund von Anforderungen, Implementierungen zur Bewältigung vorzunehmen.

Tabelle 5: Sonderfall Komplexitätskosten (RE-P-3-T)

Beispiel 2

Transaktionskosten[8]
Definition: Es gibt verschiedene Definitionen. Erstmals erwähnt von Coase 1937 wird beschrieben, dass der Zugriff auf Instrumente im *Markt* und in der innerbetrieblichen *Hierarchie* Kosten verursacht und nicht kostenlos ist.[9]
Bemerkung: Als Begriff wird auch *Marktbenutzungskosten* verwendet. Je mehr Transaktionen (z. B. Transaktion von Verfügungsrechten oder Informationskosten für einen Käufer) anfallen bzw. notwendig sind, desto höher fallen die damit verbundenen Kosten aus.

Tabelle 6: Sonderfall Transaktionskosten (RE-P-3-T)

---

[6] Bisher gibt es kaum Operationalisierungen für die Beherrschung dieses Themas.

[7] Diese Definition (Quelle (Komplexität aus Sicht des Marketing und der Kostenrechnung) siehe Quellenverzeichnis) stellt eine Problematik im Bereich des Marketings dar. Für eine technologische Umsetzung sowie eine Berücksichtigung im Bereich des CRM sind sie aber insofern relevant, als dass sie den Kontext für die Abschätzung geeigneter Mittel und Maßnahmen zur Bewältigung der technologischen Transferleistung liefern.

[8] Bisher gibt es kaum Operationalisierungen für die Beherrschung dieses Themas.

[9] Diese Definition (Quelle (Komplexität aus Sicht des Marketing und der Kostenrechnung) siehe Quellenverzeichnis) stellt eine Problematik im Bereich des Marketings dar. Die Schlussfolgerung in der vorherigen Fußnote findet auch hierbei Anwendung.

Die Beschreibung von Sonderfällen geht über die normalen Beschreibungen im Rahmen eines Geschäftskonzeptes (engl. Business concept) weit hinaus, da nicht nur die Geschäftsabläufe oder Alleinstellungsmerkmale aufgeführt werden sollen. Vielmehr sind **historisch begründete Verfahren**, herausragende **Merkmale im Rahmen der Kundenbindung**, der Umgang mit **geschäftskritischen Bedingungen**, außergewöhnlich hohe **Anforderungen durch externe Partner oder Interessenten** (Stakeholder) an das Unternehmen, bedeutende **Ausnahmen in den Prozessen** für spezielle Einzelkunden, das **wiederkehrende Scheitern** mehrerer Projekte oder Strategien etc. zu nennen. Die Liste lässt sich beliebig fortsetzen und kann nie vollständig werden, sollte aber einen Einblick in die grundsätzliche Überlegung bieten.

In der Praxis kann dies bedeuten, dass z. B. durch ein starkes anorganisches Wachstum des Unternehmens die Abbildung der Berechtigungsstruktur im CRM-System wenig vorhergesehen werden kann. Eine Besonderheit stellt auch das Abwickeln von Dienstleistungen für Zahlungs-, Kredit- oder Kapitalverkehr dar, das durch die strengen Compliance-Regeln im Alltag zu Projektverzögerungen führen kann. Gleiches gilt, wenn die Compliance fordert, dass Unternehmensdaten nicht auf privaten Geräten (siehe folgende Abbildung) gespeichert werden dürfen, was durch steigende Transaktionskosten zu einem Sonderfall wird. Nicht weniger beachtenswert ist der Sonderfall mit steigenden Komplexitätskosten, wenn das Unternehmen selbst ein Produzent ist und daher eine Vielzahl von Spezifikationen verwalten muss, was für CRM-Systeme weniger einen Standard darstellt, als es für ERP-Systeme der Fall ist.

Wie bereits geschrieben, sind dies nur einige ausgewählte Einzelfallbeschreibungen, die beliebig fortgesetzt werden können. Allerdings gilt es bei der Berücksichtigung solcher Sonderfälle zu beachten, dass die Bedingungen der adäquaten Kontextadaption (*9. Klärung der Adaptionsnotwendigkeit*) trotzdem immer berücksichtigt bleiben. Sonderfälle unterliegen hierbei sicherlich einer besonderen Behandlung, dürfen aber auch nicht zu einer Verschlechterung im Projektablauf oder bei der Wahrnehmung der Gebrauchstauglichkeit oder Benutzerfreundlichkeit führen.

Requirements Engineering - Problemstellung

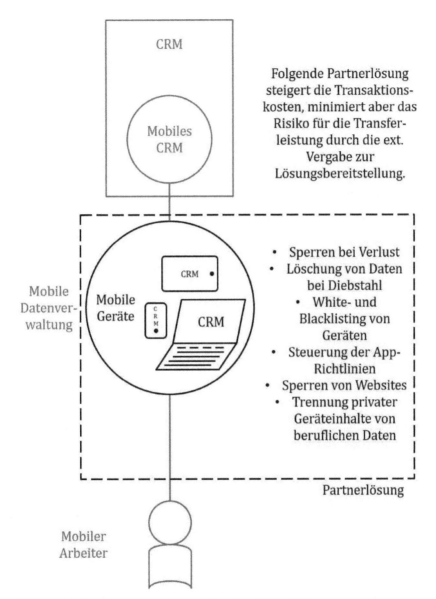

Abbildung 32: Transaktionskosten beim mobilen Zugriff (RE-P-3-P)

4. Markt- und Branchenkenntnisse

Markt- und Branchenkenntnisse stellen einen wesentlichen **Erfolgsfaktor bei der Etablierung am Markt** dar, da sie die Stärke zur Behauptung im umkämpften Marktumfeld bedingen und die Marktattraktivität des Unternehmens beeinflussen. Abseits der in diesem Ablauf vorwiegend behandelten technologischen Abbildung von Geschäftsprozessen stellen sie vorwiegend diejenige Art von Kenntnissen dar, die sachlich und methodisch für die Vorbereitung und Durchführung des Absatzes notwendig sind. Auf die Ziele (technologische Abbildung von realen Geschäftsprozessen) adaptiert, haben sie aber keine mindere Bedeutung. Denn Markt- und Branchenkenntnisse beinhalten neben den Kenntnissen, die nötig sind, um den Verpflichtungen gegenüber den Käufern beim Absatz der Produkte und Dienstleistungen nachzukommen, auch Kenntnisse über das Verhalten der Konkurrenz im Marktgeschehen. Da das CRM-System bei der Bearbeitung der Prozesse unterstützt, hat die Ausgestaltung der Implementierung einen wesentlichen Einfluss darauf. Daher müssen die Berater ihre **Erfahrungen aus anderen Projekten in die Problembeschreibung und die sich daraus ergebende Zieldefinition einfließen** lassen. Dies soll die **Entscheidungsfindung vereinfachen**, **Luftschlösser verhindern** und die spätere technische **Umsetzung marktnäher und realistischer** werden lassen.

Mitunter unterschätzen Berater dabei den positiven Einfluss, den sie nehmen können und der einen gewichtigen Vorteil darstellen kann, weil er das Unternehmen stärkt. Die Repräsentanten des Unternehmens sind selbstverständlich ebenso in der Verpflichtung, ihre Kenntnisse einfließen zu lassen. Gemeinsam versetzen sie sich so in die Lage, Entscheidungsfindungen zu verbessern. Auf diese Weise werden nicht mehr nur **Entscheidungen aufgrund von Auswahloptionen** (z. B. Ja oder Nein) getroffen, sondern **Entscheidungen auf Basis eines besseren Verständnisses** gefördert bzw. darüber hinaus das **Anstellen von Vergleichen** ermöglicht oder, in letzter Instanz, bedeutend weitreichendere Entscheidungen mit stärkeren Konsequenzen getroffen, weil ein **situativer Vorteil durch eine grundlegende Änderung** im umkämpften Markt geschaffen wird.

Requirements Engineering - Problemstellung

Entscheider		Beispiel: Lead-Management
Möglichkeiten der Entscheidung auf Basis gelieferter Informationen		Bereitgestellte Informationen oder aufgebrachte Themen für die ausstehende Entscheidungsfindung[10]
1. Art	Vorgefertigte Auswahloption mit geringem Spielraum	• Differenzierung zwischen Neu- und Bestandskunden ist notwendig • Anzahl an Interessenten erfordert strukturierte Prozesse
2. Art	Möglichkeit der Einflussnahme durch proaktive Herangehensweise	• Übergabe von Interessenten durch das Marketing an den Vertrieb soll ermöglicht werden • Informationen sollen für die Zukunft verfügbar bleiben, um Vertrauen der Kunden zu erhalten
3. Art	Vergleiche werden angestellt, z. B. mit Mitbewerbern	• Schaffung von messbaren Kriterien für die Übergabe der Interessenten vom Marketing an den Vertrieb zur Steigerung des Unternehmenswertes • Die schnelle Qualifizierung von Interessenten zur Erreichung eines Marktvorteils steht im Fokus
4. Art	Veränderung der Regeln zur Beeinflussung der Ergebnisse	• Austausch von Interessenten mit Partnerunternehmen zur gegenseitigen Profitabilitätssteigerung und Bildung eines Netzwerkes • Für die geplante Spezialisierung als Wettbewerbsvorteil sollen komplexere Vertriebsprozesse geschaffen und unterstützt werden • Kundenperspektive soll frühzeitig antizipiert und in die Produktentwicklung integriert werden

Tabelle 7: Arten von Entscheidungen (RE-P-4-T)

---

[10] Die angegebenen Beispiele können keine Allgemeingültigkeit haben. Sie sollen lediglich ein Hinweis darauf sein, dass Entscheidungen durch die zur Verfügung gestellten Informationen und aufgebrachten Fragestellungen verschiedenartig ausfallen können. Sie unterscheiden sich (von Art 1 bis zu Art 4 zunehmend) in der Tragweite und Konsequenz.

Requirements Engineering - Problemstellung

In der Praxis zeigt sich hier dann auch oft, ob eine ausreichende Machbarkeitsevaluierung durchgeführt worden ist. Wenn z. B. im Rahmen der Machbarkeitsstudie (Ablauf *7. Machbarkeitsstudie* im Business Engineering, Systemebene) eine Lücke bei der grundsätzlichen Durchführbarkeit übersehen wurde, wird dies hier zu Tage treten. Gleiches gilt, wenn die generelle Durchführbarkeit zwar gegeben ist, der spezielle Prozess aber nicht ohne größeren Aufwand implementiert werden kann. Dann wurde im Rahmen des Machbarkeitsnachweises (Ablauf *10. Machbarkeitsnachweis* im Business Engineering, Systemebene) ggf. der Schwerpunkt falsch gesetzt, sodass bspw. ein Leadprozess schwer im CRM-System abgebildet werden kann.

Beim Ablauf zur Machbarkeitsstudie bereits kurz angeführt, lässt sich dies hier vertieft am Leadprozess aufzeigen. Da dieser in jedem Unternehmen eine Bedeutung hat, muss er für die Ergebnisse der drei Abläufe (beide Abläufe zur Machbarkeitsevaluierung und für das Einfließen von Markt- und Branchenkenntnissen) berücksichtigt werden. Dann wird schnell der Fokus von einer einfachen Unterscheidung zwischen Neukunden (Leads) und Bestandskunden (Unternehmen und Ansprechpartner) auf eine detaillierte Betrachtung gelenkt. Dadurch lässt sich erkennen, ob länder- bzw. unternehmensübergreifend das gleiche Verständnis zur Übergabe von Interessenten aus dem Marketing zur Weiterbearbeitung an den Vertrieb vorliegt.

Mit Berücksichtigung der Markt- und Branchenkenntnis lässt sich dann im Detail einfach festlegen, wann und wie ein Leadprozess ideal wirkt, wie Mitarbeiter leicht übergreifend (z. B. über Leads und Unternehmen gleichzeitig) im CRM-System suchen und welche Projektinformationen bereits in einer frühen Phase der Geschäftsanbahnung erfragt werden müssen.

Mit Blick auf das Schaubild wird deutlich, wie vielfältig die Ausgestaltung sein kann und wie wichtig die ablaufübergreifende Zusammenarbeit ist. So fällt es leichter, den Prozess gemäß den projektübergreifenden Visionen zu implementieren.

Requirements Engineering - Problemstellung

Leadprozess und Kundenbearbeitung (inkl. Kollaboration mit Partnern)

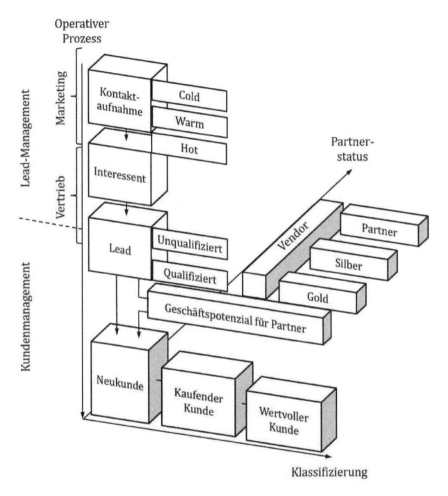

Abbildung 33: Beispielhafter Leadprozess (RE-P-4-P)

5. Benennung der Akzeptanzkriterien
In diesem Ablauf sollen die **abnahmerelevanten Vereinbarungen für die Fachanforderungen** und somit deren späterer technologischer Entsprechung im CRM-System genauer spezifiziert werden. Dies ist notwendig, weil mit der Übergabe des Systems auch ein Verantwortungswechsel stattfindet. Dieser sollte, zu beiderseitigem Vorteil, genau beschrieben sein, um die abschließende Bezahlung, Mängelbehandlung, Verantwortlichkeiten bei zukünftigen Verschlechterungen etc. auf eine gesicherte Basis zu stellen.

Dazu wird für jeden Bestandteil der Software genau festgelegt, wann von einer vollständigen **Gebrauchs- und Funktionsfähigkeit** ausgegangen werden kann. Streitbar ist allerdings, auf welcher Detailebene die Benennung der Akzeptanzkriterien erfolgt. Bei agilen Vorgehensweisen wird dies oft mit der Erstellung der **Anwendungsfälle** (engl. Use cases) bzw. **Anwendererzählungen** (engl. User story) verknüpft. Es wird allerdings für alle Vorgehensmodelle, insbesondere für agile Methoden, weil Änderungen dort zum Tagesgeschäft gehören und somit zu viel Zeit und Aufwand verloren gehen würde, angeraten, die Akzeptanzkriterien für Prozessbestandteile zu benennen. Die Vorbereitungen dafür haben bereits im Rahmen der Systembetrachtung für das Business Engineering stattgefunden. Dort wurden kritische Schwerpunkte, Verantwortlichkeiten, Systemübergänge und der Austausch von Informationen, um nur einige zu nennen, auf der dafür notwendigen Ebene definiert.

Bis hierher wurde allerdings eine ausschließlich *quantifizierbare* Benennung der Anforderungen vorgenommen, bevor im Rahmen dieses Kapitels eine detaillierte, *qualitativ* orientierte Betrachtung erfolgt. Um diese zu ermöglichen, wurden die Inhalte der Abläufe aus den ersten beiden Kapiteln in den ersten vier Abläufen dieses Kapitels noch einmal (im Rahmen einer Rückbetrachtung) kritisch hinterfragt. Dies ist daher der geeignete Zeitpunkt, um die Akzeptanzkriterien zu benennen, weil alle bewertungsrelevanten Informationen vorliegen, aber keine Details mit hoher Änderungswahrscheinlichkeit bearbeitet werden müssen.

Requirements Engineering - Problemstellung

Detaillierung der Anforderung im Rahmen der Abläufe

Abläufe	Aspekte der quantitativen und qualitativen Bearbeitung
Business Engineering	
Organisationsebene	
1. Ablauf	Festlegung der Anzahl an Prozessen und der Menge der sich daraus ergebenden Details
...	
5. Ablauf	
...	Prognose zum Umfang
10. Ablauf	Rückbetrachtung
Systemebene	
1. Ablauf	Häufigkeit der umzusetzenden Details
...	
5. Ablauf	Summe der Systeme
6. Ablauf	
...	Eigenschaften der Systeme
10. Ablauf	
Requirements Engineering	
Problemstellung	
1. Ablauf	Kritische Rückbetrachtung der bisher erarbeiteten Ergebnisse
...	
5. Ablauf	Erwartungshaltung justieren
...	Güte der Systemeigenschaften
10. Ablauf	Zusammenführung Alt & Neu
Technischer Erkenntnisgewinn	
1. Ablauf	Harmonisierung Fachbereich-IT
...	Festlegung zur Architektur
5. Ablauf	Berechnungen und Vorgangsautomatisierung
6. Ablauf	
...	Konformität herstellen
9. Ablauf	Merkmalsgesamtheit abbilden
10. Ablauf	Offizieller Entwicklungsbeginn

Tabelle 14: Ablaufübergreifende Aspekte (RE-P-5-T)

Requirements Engineering - Problemstellung

Die Benennung der Akzeptanzkriterien zum jetzigen Zeitpunkt bietet nicht nur den Vorteil, dass Zeit und Aufwand gespart werden. Zusätzlich wird dadurch eine größere Flexibilität in der Softwareentwicklung bzw. -anpassung ermöglicht. Denn CRM-Systeme bieten oft mehrere Möglichkeiten, um ans Ziel zu gelangen. Damit spiegeln sie die Geschäftsprozesse wider, die auch nicht stringent-linear ablaufen, sondern variabel sind. Damit wird den Beratern und Entwicklern genügend Freiraum gegeben, um mehrere Lösungen vorzuschlagen und, in Absprache mit den Fachanwendern des Unternehmens, die passende zu wählen. Als übliche Kriterien für die Akzeptanz hat sich in der Praxis die Einteilung in **Must have** (muss vorhanden sein), **Should have** (sollte da sein) und **Nice to have** (kann eingebaut sein) etabliert. Sie reflektieren den Einfluss auf die Fähigkeit der Implementierung, den realen Geschäftsprozess gebrauchstauglich und funktionsfertig abzubilden.

Es gibt manchmal das Bestreben, eine noch größere Anzahl an Kriterien (z. B. verständlich, redundanzfrei, widerspruchsfrei u. v. m.) für die grundsätzlichen Akzeptanzkriterien zu definieren, die allerdings eher Qualitätskriterien entsprechen und bereits eine vorgezogene Ursachenbetrachtung darstellen, obwohl noch nicht von einem technischen Fehler bzw. von einer fehlenden Funktionsweise ausgegangen werden kann. Daraus resultiert dann auch die häufig geäußerte Meinung, dass Akzeptanzkriterien das Bindeglied zwischen Anwendungsfällen und Tests darstellen. Es sind aber nicht die Akzeptanzkriterien, die die Funktionsfähigkeit absichern sollen, sondern lediglich den Hinweis liefern, z. B. bei Nicht-Gebrauchsfähigkeit oder Funktionsunfähigkeit, wie substanziell sich dies auf die Möglichkeit der Abnahme auswirkt. Mit Erstellung eines Pflichtenheftes (in agilen Projekten naturgemäß nicht vorgesehen) sind diese Zwischenschritte aber nicht notwendig, wie im Ablauf *1. Gemeinsame Sprache* (Requirements Engineering, Erkenntnisgewinn) noch näher verdeutlicht.

Für das Verständnis eines Abnahmekriteriums reicht die oben beschriebene Dreiteilung also aus. Insbesondere deshalb, weil sie genügend aufzeigt, was notwendig ist, um ein bestehendes Problem, worauf immer der Fokus liegen sollte, zu aller Zufriedenheit zu lösen.

Requirements Engineering - Problemstellung

Prozess	Anforderung	Kriterium
Integration in Wertschöpfungskette	Mobile Bereitstellung von Kundendokumenten	Must have
	E-Mails vom Kunden können ins CRM übertragen werden	Must have
	Einsehbarkeit der Produkt- und Lieferdetails	Must have
	Verzögerungen sind gesondert dargestellt	Must have
	Besonderheiten sind gesondert dargestellt	Should have
	Auftragsbearbeitung als Ampeldarstellung	Should have
	Berater soll Details kundenbezogen sehen können	Should have
	Produktion soll Details produktbezogen sehen können	Should have
	Berateransicht soll ein Dashboard mit grafischen Elementen sein	Nice to have
	Produktionssicht soll eine Ansicht mit Bearbeitungselementen sein	Nice to have
	Besprechungsinhalte können per PDF an Kunde gesandt werden	Nice to have
Kontaktaufnahme	E-Mails sollen unmittelbar aus dem CRM versendet werden	Must have
	Bei hohem E-Mail-Aufkommen darf kein Blacklisting erfolgen	Must have
	E-Mails werden automatisch einem Projekt zugeordnet	Should have
	Empfangserhalt bei Rückmeldung	Nice to have
	Standardantworten per E-Mail sollen möglich sein	Nice to have
	Kunden sollen ausgetauschte E-Mails mit Bezug zu Beschwerden/Anfragen im Kundenportal sehen	Nice to have

Tabelle 8: Beispiele für Abnahmekriterien (RE-P-5-P)

6. Spezifizierung von Kollaborationen

Mit diesem Ablauf beginnt die detailliertere Aufarbeitung der Prozesse bzw. Prozessbestandteile, von nun an mit einem noch stärkeren technologischen Fokus.

Zur Detaillierung der technologischen Umsetzung von Kollaborationsleistungen werden hier verschiedene bisherige Ergebnisse aufgegriffen (z. B. aus *7. Benennung von Verantwortlichkeiten, 3. Abteilungsübergreifende Knotenpunkte* oder *8. Rückübermittlung von Informationen*) und weiter spezifiziert.

Das bestimmende Merkmal für die technischen Rahmenbedingungen der Zusammenarbeit ist der Umstand, dass bei einer Kollaboration eine **parallele Arbeit verschiedener Teams oder Mitarbeiter an einem gemeinsamen Objekt** stattfindet. Damit unterscheidet sie sich von der Kooperation, bei der Teams und Mitarbeiter an unterschiedlichen Objekten arbeiten und somit nicht an allen Prozessergebnissen beteiligt sind. Die **Kollaboration erfolgt fortlaufend,** während bei einer Kooperationsleistung aufeinander folgend gearbeitet wird.

Das Ergebnis einer **Kollaboration führt zu einem kollektiven Entschluss**, ist also **als Zustand definiert**, während die Kooperation auf ein festes Ziel, ein vorab definiertes Ergebnis, hinarbeitet.

Die technologische Implementierung muss also einen **kollektiven Entschluss** ermöglichen. Gleichwohl gibt es in selbstorganisierten, mitunter dezentralen, Gruppen auch **beachtenswerte Führungsansprüche**, die abgebildet werden müssen. Anderenfalls würde z. B. ein komplexer Genehmigungsprozess im CRM zwar technisch funktionieren, aber nutzlos sein, wenn sich die Mitarbeiter dann außerhalb des Systems organisieren, um informellen Arbeitsweisen nachzukommen.

Diese Punkte sowie die Unterscheidung zwischen Kooperation und Kollaboration sind deshalb wichtig, weil sie selbst **innerhalb von Prozessen wechselseitig oder an verschiedenen Stellen** auftreten können.

Requirements Engineering - Problemstellung

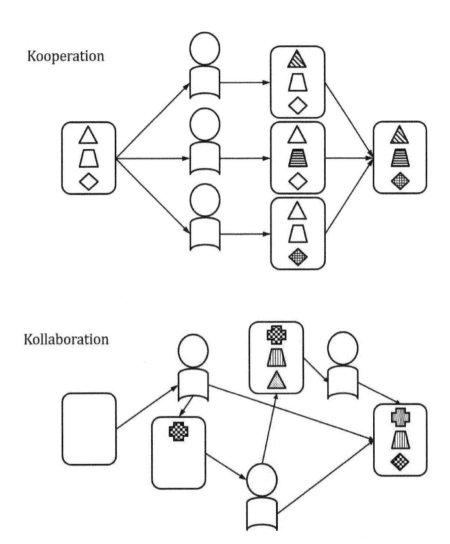

Abbildung 34: Kooperation und Kollaboration (RE-P-6-T)

Dass Kollaborationen **zusätzliche Anforderungen** mit sich bringen, für die eine technische Lösung gefunden werden muss, lässt sich also zweifelsohne festhalten. Beispielsweise kann eine **gemeinsame Verantwortlichkeit** die Anforderung einer **Nachvollziehbarkeit von Änderungen durch Bearbeiter** mit sich bringen. Gegebenenfalls müssen auch **Versionen von Objekten** erstellt werden, um ein späteres Zurücksetzen zu ermöglichen. Insbesondere **mehrstufige Aktionsfolgen von teilweise gleichberechtigten Instanzen** (z. B. beim erwähnten Genehmigungs- bzw. Freigabeprozess) sind ein Sinnbild von Kollaborationen, weil die Selbstorganisation eigenständiger Beteiligter ein inhärenter, aber technologisch nicht abzubildender Bestandteil ist. Umso mehr Kollaborationen anstelle von Kooperationen stattfinden, umso wichtiger sind Begleitmaßnahmen, die die Akzeptanz der technologischen Implementierung unterstützen. Sie greifen die informellen Arbeitsprozesse im Rahmen von Kollaborationen auf, definieren den Umgang damit und gewährleisten dadurch, dass die systembezogene Tätigkeit durchgeführt wird. Als eine praktische Begleitmaßnahme kann die Definition von Geschäftsregeln (engl. Business rules) angeführt werden.

Am Beispiel des Genehmigungsprozesses würde das bedeuten, dass ein Mitarbeiter für Kunden der Gruppe A ein informelles (im direkten Gespräch) Okay seines Vorgesetzten einholen kann, dieses im Genehmigungsprozess erwähnt, was zu einer Beschleunigung führt und somit gleichzeitig die Einhaltung des Prozesses, aber auch die schnelle Betreuung von Top-Kunden gewährleistet. Diese Geschäftsregeln können auch Vorgaben an die Systemanwender sein. Sofern sich im CRM-System die Möglichkeit ergibt, sollten die Felder oder Bereiche, für die Geschäftsregeln definiert wurden, mit einem kleinen Hinweis (z. B. einem Symbol wie die #) versehen werden. Dadurch wird die **Schaffung eines emergenten Systems** gefördert. Oder anders ausgedrückt: Durch die ständige Wechselwirkung von verschiedenen Bestandteilen (hier technologisch unterstützte Kollaboration unter Berücksichtigung informeller Regeln) entstehen bessere Systemeigenschaften, die für die Anwender wahrnehmbar sind und die Benutzerakzeptanz spürbar erhöhen.

Requirements Engineering - Problemstellung

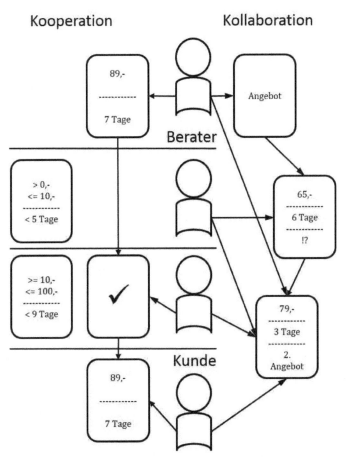

Abbildung 35: Zusammenarbeit zur Angebotserstellung (RE-P-6-P)

7. Fit-Gap-Analyse

Im Rahmen der bisherigen Abläufe (z. B. im Ablauf *3. Abteilungsübergreifende Knotenpunkte* beim Business Engineering, Systemebene) wurden partiell bereits Unterschiede herausgearbeitet, die auf verschiedenartige Arbeitsschritte hinweisen. Da indirekt aber der Fokus auf einer Harmonisierung und Vereinheitlichung lag, sowohl weil konkrete Unterschiede nicht abgefragt wurden, als auch weil die Prozessdefinitionen meist auf eine gemeinsame Arbeitsweise fokussieren, ist es nun notwendig, **konkrete technische Abweichungen** deutlich herauszuarbeiten. Diese sogenannte Fit-Gap-Analyse soll zeigen, wie gut das geplante System die Anforderungen erfüllen kann bzw. wo es **Lücken bei der Verwendung im täglichen Betrieb** geben kann. Hierbei müssen auch die Resultate aus der Machbarkeitsstudie (Ablauf *7. Machbarkeitsstudie*) sowie dem Machbarkeitsnachweis (Ablauf *10. Machbarkeitsnachweis*) herangezogen werden, die auf Abweichungen hinweisen. Für die Analyse werden also keine fachlichen Anforderungen besprochen, sondern eine **Bestätigung oder Freigabe** für die technologischen Lösungen eingeholt.

Für alle Anforderungen wird dazu eine **Auflistung von (potenziellen) Lösungen**, wenn möglich immer mehrere, erstellt. Danach erfolgt, **ggf. mittels einer Scorecard, eine Übernahme in die Auswahlliste**. Dafür muss anschließend eine **Kompilierung** durchgeführt werden, deren Ziel die Verständlichkeit für Unbeteiligte (z. B. das Projektboard) ist und durch eine Übersetzung bzw. Umformulierung ermöglicht wird. Die daran anschließende **Kurzfassung** (engl. Executive Summary) ist somit auch im Detail nachvollziehbar, beinhaltet darüber hinaus aber auch eine entsprechende **Empfehlung zur Auswahl**. Diese Empfehlungen können zusätzlich, um die Nachvollziehbarkeit zu erhöhen, mit Diagrammen versehen werden. Abschließend sollten das Entscheidungsgremium bzw. die Beteiligten eine **einvernehmliche Lösung** herbeiführen.

Wobei das nur für solche Vorgehensweisen angedacht ist, die ein gemeinsames Template (siehe Ablauf *9. Klärung der Adaptionsnotwendigkeit* im Rahmen des Business Engineering, Systemebene) für alle vorsehen.

Requirements Engineering - Problemstellung

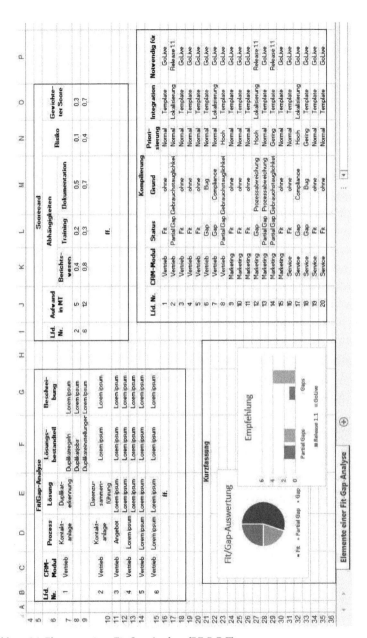

Abbildung 36: Elemente einer Fit-Gap-Analyse (RE-P-7-T)

Die oben erwähnte Auflistung von mehreren Lösungen sollte deshalb gemacht werden, um eine **bewusste Entscheidungsfindung** herbeizuführen. Damit ist in der späteren Praxis sichergestellt, dass die Fachabteilung bereit ist, mögliche Nachteile mitzutragen. Z. B. kann dies helfen, wenn sich beim späteren Testen oder im Livebetrieb zeigt, dass die Lösung doch nicht ganz passend ist, aber vorher gemeinsam festgehalten wurde, dass sie im Rahmen des Kontextes trotzdem die beste Alternative darstellt(e).

Die Fit-Gap-Analyse muss allerdings auch **Inhalte ohne Funktion im CRM-System** umfassen. Zum Beispiel betrifft das die Datenmigration sowie prozessuale Unterschiede bzw. Begrifflichkeiten. Auch unterschiedliche Wertschöpfungsziele in Ländern/Abteilungen oder im Bereich des mobilen Zugangs zum CRM kommen in Frage. Diese Themen sind keine CRM-Funktionen, wirken sich aber auf die Verwendung dieser aus. Nicht ganz unüblich ist auch, dass bereits Trainings- und GoLive-Themen diskutiert werden, also auch **Abweichungen in den Vorgehensweisen mit einer Implikation auf die Funktionsverwendung** sind Agenda-relevant.

Beachtenswert dabei ist, dass die Fit-Gap-Analyse nur **berechenbare Größen** darstellen kann und als ein **Frühwarnsystem** dient. Allerdings ist eine vollkommen exakte Kalkulation nicht möglich und qualitative Differenzen können nur unzureichend abgedeckt werden. Im Sinne einer **Prognose** liefert die Analyse aber ausreichende Hinweise, sozusagen **Näherungswerte für die zukünftige Planung der Detailierungsarbeiten**.

Wenngleich im Rahmen dieses Ablaufes die Fit-Gap-Analyse für die Einführung eines CRM-Systems durchgeführt wird, sollte sie **auch nach der Einführung** eingeplant werden. Insbesondere **bei größeren Updates oder Auswechslungen von Komponenten**, bei **Änderungen an den Funktionalitäten** oder bei der **Einbringung von neuen Funktionen** können Szenarien verhindert werden, die durch unpassende Systembestandteile zu einer Störung in der täglichen Anwendung führen.

Requirements Engineering - Problemstellung

Prozess einer Fit-Gap-Analyse

Identifizierung neuer Anforderungen
Abgleich neuer Anforderungen mit bestehenden Prozessen
Erstellen einer Liste möglicher Lösungen je Anforderung in Zuordnung zu den betroffenen Prozessen
Einschränken der Liste zusammen mit Stakeholdern, um eine realistische Prüfung durchführen zu können
Durchführen der Analyse anhand der gekürzten Liste
Abschätzen der möglichen Resultate hinsichtlich Abhängigkeiten, Verbesserungspotenzial, benötigter Ressourcen, dem damit verbundenen Risiko und Änderungen im Bereich der Sicherheit
Bewertung und Priorisierung der Ergebnisse
Worst-Case-Szenarien erstellen für Änderungen, die ggf. nicht freigegeben werden (können)
Kompilieren der Ergebnisse und Erstellen des Berichtes
Eine Übersicht für das Management mit einer Empfehlung erstellen; Bezüge zu Details für Nachvollziehbarkeit beilegen
Präsentieren der Ergebnisse und Einholung der Freigabe
Alternativen für nicht bestätigte Änderungen starten
Änderung der Prozesse gemäß Änderungen
Änderungen in das Template bzw. als Lokalisierung aufnehmen
Evaluierte Resultate der Änderungen starten

Abbildung 37: Prozess einer Fit-Gap-Analyse (RE-P-7-P)

8. Beschreibung von Anwendungsfällen
Bevor im folgenden 9. Ablauf das Pflichtenheft erstellt wird, werden die Inhalte des Lastenheftes (zuerst erwähnt in diesem Kapitel in Ablauf *1. Problem- anstelle Lösungsbeschreibung*) noch einmal erweitert, allerdings nicht im Lastenheft selbst, um die verschiedenen Detaillierungsgrade getrennt zu halten. Damit wird gleichzeitig auch der Schritt des späteren Testens vorbereitet, der aber nicht mehr als Ablauf im Rahmen dieses Buches behandelt wird. Die Vorbereitung sollte jedoch unmittelbar jetzt, nach Vorlage aller gemeinsamen Kenntnisse, geschehen. Damit wird auch ein letztes Mal die Möglichkeit geschaffen, die Sicht des Anwenders einfließen zu lassen und ggf. Unterschiede in der Erwartungshaltung aufzudecken.

Die Anwendungsfälle (engl. Use cases) **beschreiben die Realität 1:1** und erweitern die Prozessdefinition um **detaillierte operative Schritte aus Endanwenderperspektive**. Dementsprechend beschreiben sie die **Interaktion des Anwenders mit dem CRM-System**, wobei dessen **Zielerreichung im Vordergrund der Betrachtung** steht. Dazu sollten sie auch **aus der Sichtweise der Anwender** beschrieben sein. Sofern es die Prozessbeschreibung zulässt oder es sich auf einzelne Funktionen begrenzen lässt, sollten **abgeschlossene Handlungsfolgen** das Ergebnis der Beschreibung sein.

Entscheidend dabei ist die **Granularität der Beschreibung**. Diese sollte gemeinsam entschieden werden und kann grob und abstrakt oder aber auf fast technischer Ebene vorgenommen werden. Mindestens genauso wichtig ist die **Festlegung des Aufbaus**. Dafür gibt es standardisierte Vorlagen. Elementar ist jedoch, dass alle Anwendungsfälle gleich strukturiert und vergleichbar detailliert beschrieben sind. Beachtenswert ist ebenso, dass die **Anwendungsfälle in Textform** vorliegen, um die qualitative Perspektive durch die Anwender einfließen zu lassen.

Es gibt Empfehlungen, die Darstellung z. B. in UML vorzunehmen. Dem sollte sich aber, bei Vorliegen des Wunsches eine normative Komponente der Endanwender einzubringen, nicht angeschlossen werden.

Requirements Engineering - Problemstellung

Prozess(e)	
Name des Prozesses, den der Anwendungsfall detailliert	
Identifikationsnummer	
Eine fortlaufende, eindeutige alphanummerische Kennzeichnung	
Kurzbeschreibung	
Eine prägnante Zusammenfassung des Anwendungsfalles	
Langbeschreibung	
Die ausführliche Beschreibung aller Interaktionen, die der Anwender mit dem System vornimmt und der sich daraus ergebenden Resultate	
RACI	
Die Verantwortlichen und Anwender des Systems	
Status	
Der Bearbeitungsstatus des Anwendungsfalles	
Auslöser	
Trigger bzw. Ursachen für den Eintritt des Anwendungsfalles	
Vor- und Nachbedingungen	
Zustände, die gegeben bzw. erreicht werden müssen	
Historie/Ersteller	
Version, Datum und Name	
Bemerkung	
Ergänzende Informationen, z. B. zum Kontext	

Tabelle 16: Aufbau eines Anwendungsfalles (RE-P-8-T)

Vor der Erstellung der Anwendungsfälle und mit Blick auf die spätere Wiederverwendungsfähigkeit als Testfall sollte **vorab eine Grundlagenschulung** für das CRM-System stattfinden, um ein elementares Systemverständnis zu ermöglichen. Wobei darauf zu achten ist, dass der Zeitraum zwischen der Erstellung der Anwendungs- und Testfälle nicht zu weitläufig ist. Insbesondere bei cloudbasierten Systemen, bei denen sich die Updatezyklen (teilweise mit Auswirkung auf die Benutzeroberfläche) drastisch verkürzt haben, könnte dies zu doppeltem Aufwand führen.

Um den Erstellern der Beschreibungen die Arbeit leichter zu machen, kann auf die Inhalte aus dem vorletzten Ablauf der Organisationsebene des Business Engineering (*9. Prozesslandkarte verfügbar*) sowie dem zweiten Ablauf der Systemebene des Business Engineering (*2. Konzeption der Informationskette*) zurückgegriffen werden. Die Prozessbeschreibungen und die Darstellung der Informationsketten sind dafür die idealen Richtlinien. Darüber hinaus fördern diese den Fokus auf die Integration der Kunden in die Wertschöpfungskette. Beispielhaft ist dies in dem Anwendungsfall für eine Standardantwort-E-Mail (nach Anmeldung auf Website oder bei eingegangener Beschwerde) verdeutlicht, der die Kommunikationswege aus dem Ablauf *2. Konzeption der Informationskette* (Business Engineering, Systemebene) aufgreift und für einen fiktiven Beschwerdefall beschreibt. Beachtenswert hierbei ist, dass **gleichartige Szenarien durch Anwendungsfälle gebündelt** werden können. Dann bezieht sich z. B. ein Anwendungsfall nicht nur auf *Kundenbeschwerden* allein, sondern verallgemeinert auf *Kundenanfragen* jeder Art. An und für sich sind Szenarien jedoch eigentlich nur eine etwas detailliertere Ausprägung (keine Varianten) eines Anwendungsfalles, wenngleich sie im Projektgeschehen nicht wirklich oft benötigt werden.

Allgemein lassen sich die Anwendungsfälle weiter unterscheiden nach solchen, die **funktionale Anforderungen** beschreiben (wie im folgenden Beispiel). Denkbar sind aber auch Anwendungsfälle, die **Hintergründe für ein vertieftes Verständnis** liefern. Der zweite Fall ist für die Bereiche interessant, die im dritten Ablauf dieses Kapitels (*3. Sonderfälle*) behandelt wurden.

Prozess(e)	
Kontaktaufnahme durch Kunden	
Identifikationsnummer	
UC-001	
Kurzbeschreibung	
Versand einer Standardantwort per E-Mail	
Langbeschreibung	
Im CRM-System eingegangene E-Mails sollen durch den Anwender manuell mit einem Hinweis (Optionsfeld Ja/Nein) versehen werden, wenn eine Standardantwort (per E-Mail) gesendet werden soll. Für Kontaktanfragen und Webseitenanmeldungen soll dies immer geschehen. Dafür soll eine Vorlage genutzt werden, die die offizielle Unternehmenssignatur beinhaltet. Die E-Mail soll einen Trackingtoken enthalten, um darauffolgende Nachrichten direkt in das CRM-System zu synchronisieren. Die Fachberater für das zugehörige Unternehmen sollen bei der Firma auswählen können, ob sie auf Cc gesetzt werden möchten/müssen. Die E-Mail soll sofort versendet werden.	
RACI	
Fachberater des Unternehmens, Vertriebsinnendienst	
Status	
In Arbeit	
Auslöser	
Anmeldung auf Website bzw. Ausfüllen des Kontaktformulars; Eingang einer Nachricht/Beschwerde per E-Mail	
Vor- und Nachbedingungen	
Bei Existenz von Dokumenten (als E-Mail-Anhang) müssen diese vom Anwender manuell im DMS-System abgelegt werden.	
Historie/Ersteller	
Version 1.0 / TT.MM.JJJJ / C.R. Müller	
Bemerkung	
• Dieser Anwendungsfall berücksichtigt alle Kontaktaufnahmen durch Unternehmensexterne, die einen Kommunikationsaustausch begründen • Für den Eingang von Beschwerden per Dialog, Telefon oder über Social-Media-Kanäle gibt es einen separaten Anwendungsfall (siehe Nr. UC-002)	

Tabelle 17: Beispiel eines Anwendungsfalles (RE-P-8-P)

9. Erstellung des Pflichtenheftes

Die Erstellung des Pflichtenheftes (engl. Functional specification) erfolgt auf Basis des Lastenheftes (engl. Requirements specification). Während das Lastenheft noch die Anforderungen der Anwender beschreibt, listet das Pflichtenheft jetzt also die Leistungen auf, die ein CRM-System aus Sicht des Auftraggebers erbringen soll.

Dabei wird aber nur beschrieben, **was** das System später leisten soll, **aber nicht, wie** es umgesetzt wird. Durch diese offen gelassene Festlegung wird einerseits eine **Einschränkung der Entwicklungsarbeit verhindert**, andererseits aber auch ein **Wechsel des Implementierungspartners** ermöglicht. Letzteres ist für das aktuell beauftragte Beratungsunternehmen selbstverständlich etwas unschön, wird aber von deren Verantwortlichen auch erwartet, wenn diese zu einem Projekt mit bestehender Dokumentation hinzugeholt werden.

Das Pflichtenheft wird, anders als das Lastenheft (das eher vom Auftraggeber erstellt und oft für Ausschreibungen verwendet wird), von den technologischen Experten geschrieben. Daraufhin, wenngleich auch gern vom Auftraggeber oft vorher gewünscht, ist erst eine plausible Aufwandsschätzung möglich.

Die Inhalte des Pflichtenheftes müssen **eindeutig, komplett, konsistent, korrekt, modifizierbar, nachvollziehbar, verifizierbar** und **verständlich** sein.

Mit Blick auf Deutschland haben sich zwei Standards hinsichtlich der Strukturierung durchgesetzt: der **ANSI/IEEE Std 830-1998** Standard sowie das **Gliederungsschema nach Helmut Balzert** (orientiert sich am IEEE-Schema, soll aber nach seiner Aussage leichter in der Verwendung sein). In anderen Ländern bzw. bei bestimmten Vorgehensmodellen sind andere Dokumentationsformen vorgesehen, wenngleich alle dasselbe Ziel einer erfolgreichen Implementierung anstreben. Das Pflichtenheft stellt einen Vertragsbestandteil dar und bei der Abnahme wird sich auf dessen Inhalte bezogen.

Kriterien für die Inhalte eines Pflichtenheftes

Inhaltskriterien	Erklärung
Eindeutig	Es ist nur eine Interpretationsmöglichkeit gegeben. Schlüsselwörter sind in einem Glossar beschrieben.
Komplett	Alle Leistungsbeschreibungen sind enthalten.
Konsistent	Es gibt keine Konflikte zwischen den Leistungsbeschreibungen.
Korrekt	Die Angaben sind wahrheitsgemäß.
Modifizierbar	Änderungen an den Anforderungen müssen leicht durchgeführt werden können.
Nachvollziehbar	Die Herkunft ist klar und kann zu ihrem Ursprung zurückverfolgt werden.
Verifizierbar	Es gibt einen kosteneffizienten Weg zur Nachvollziehbarkeit der Erfüllung der Leistung.
Verständlich	Es muss auch für IT-Laien verständlich beschrieben sein.

Tabelle 9: Inhaltskriterien eines Pflichtenheftes (RE-P-9-T)

In der Praxis kann es das perfekte Pflichtenheft selbstverständlich nicht geben, wenngleich die Verschriftlichung aller bisher erarbeiteten Details aus den Abläufen eine sehr gute Grundlage darstellt, um das Transferrisiko zu verringern. Werden jetzt aber nicht die genannten acht Kriterien angewandt oder Anforderungen schlichtweg vergessen, kommt es zu einem Informationsbruch im Rahmen dieses bedeutenden Ablaufs. Daher sollte von allen Beteiligten eine Freigabe für die Inhalte eingeholt werden, auch wenn dies einen großen Aufwandstreiber darstellt. Dies fördert ein weiteres Mal das gegenseitige Verständnis im Sinne einer gelungenen Implementierung.

Durch die anfänglich immer technischer werdende Betrachtung sollten hier aber auch Punkte zu Tage gebracht werden können, bei denen sich die Anforderungen gegenseitig ausschließen. Meist geschieht dies, wenn die Leistungsbeschreibung auf Funktionsebene ersichtlich macht, dass wechselnde Ausgangslagen oder Ergebniserwartungen für ein und dasselbe Funktionsverhalten vorgesehen sind.

Durch die Beachtung der oben genannten Punkte erklärt sich auch, weshalb das oft genutzte *Konzept* kein ausreichendes Dokument zur Verschriftlichung der Leistungsbeschreibung darstellen kann. Dieser Punkt wird erwähnt, weil in der Praxis häufig Konzepte (dann technisches Konzept, Feinkonzept o. ä. genannt) erstellt werden, die eigentlich nur eine Vision beschreiben und das Risiko eines Scheiterns damit stark erhöhen. Auch deshalb, weil die Beschreibung einer Vision (grundsätzlich natürlich nicht falsch ist, aber) nicht dem Fokus dient, Problemfelder aufzulisten, deren Ursachen behoben werden sollen. Gleichzeitig eignen sich Prozessbeschreibungen, Anwendungsfälle und Funktionsbeschreibungen nicht als Ersatz für die Pflichtenhefterstellung (siehe folgende Tabelle), weil auf diese Weise das eigentliche Ziel verfehlt werden würde.

Formalerweise soll auch nicht unerwähnt bleiben, dass ein Pflichtenheft auch ohne ein Lastenheft erstellt werden kann, wenngleich die Zielsetzung der Minimierung des Transferrisikos auf diese Weise kaum zu realisieren ist.

Beschreibung Dokument	Prozessbeschreibung	Anwendungsfall	Funktionsbeschreibung
Konzept	Nicht geeignet, weil sie zu detailliert sind für das Ziel eines Konzeptes.	Anwendungsfälle entsprechen einer konkreten Erwartung und keiner Vision á la Konzept.	Die Beschreibung einer Unternehmensstrategie kann nicht 1:1 mit Funktionen eines Systems übereingebracht werden.
Lastenheft	Lastenheftinhalte basieren zwar auf Prozessen, erweitern diese aber um Details in Textform anstelle von Diagrammen.	Anwendungsfälle beschreiben die operative Realität 1:1; Lastenhefte haben aber noch keinen Systembezug.	Lastenhefte fokussieren auf Problembeschreibungen, während eine Funktionsbeschreibung bereits eine Lösung enthält.
Pflichtenheft	Prozessbeschreibungen sind interpretierbar und entsprechen nicht dem Anspruch der Detailgenauigkeit.	Anwendungsfälle beschreiben Erwartungen der Anwender und sind ungeeignet als technische Festlegungen.	Ein Pflichtenheft beschreibt, **was** umgesetzt werden soll, eine Funktionsbeschreibung, **wie** es später funktioniert.
Blueprint	Prozesse visualisieren keine Systemkomponenten, sondern Geschäftsprozesse.	Blueprints visualisieren lediglich die Systemanwendung und sind nicht so detailliert.	Funktionsbeschreibungen enthalten Erwartungshaltungen anstelle wertfreier Darstellungen.

Tabelle 19: Abgrenzungskriterien für Pflichtenhefte (RE-P-9-P)

10. Datenmigration, -mapping und -remodulation
An und für sich ist die Datenbereitstellung ein zu umfangreiches Thema, um hier übersichtlich behandelt zu werden. Auf der anderen Seite geht damit eine Komplexität einher, die sich negativ auf die Gebrauchstauglichkeit auswirken kann, wenn zwar die Funktionen vorhanden, aber die Daten fehlerhaft sind. Deshalb soll, mit Blick auf den letzten Punkt, eine Teilmenge aus dem Gesamtthema aufgegriffen werden, um eine Risikominimierung für die Transformation zu ermöglichen.

Grundlage der gesamten Planung stellt eine **Karte der Applikationen und Systemlandschaft mit einer Schnittstellenübersicht** (Ext. Portale mitberücksichtigen) dar. Durch diese wird sichergestellt, dass alle Abhängigkeiten beachtet werden, wobei mindestens alle systemseitigen Informationen aus der Prozesslandkarte (Ablauf *9. Prozesslandkarte verfügbar* im Rahmen des Business Engineering, Organisationsebene), der Konzeption der Kommunikations- (insbesondere der Störwirkung) und Informationswege sowie der Datenschnittstellen (Abläufe *1. Kommunikationsein- u. -ausgänge, 2. Konzeption der Informationskette* sowie *6. Systemschnittstellen und Datenaustausch* aus dem Business Engineering, Systemebene) vorliegen müssen.

Daraufhin werden die **Migrationsszenarien** entwickelt (unter Berücksichtigung, dass ggf. ein stufenweiser GoLive mit Interimslösungen/Parallelbetrieb vorliegt), wobei auch Testsysteme berücksichtigt werden müssen. Das **Konzept der Datenbereinigung** (mit vorgegebenen Endzeitpunkten für die Datenübernahme) legt daraufhin fest, in welchen Systemen welche Inhalte durch welche Verantwortlichen überarbeitet werden. Kernziel all dieser sehr umfangreichen Arbeiten muss dabei immer sein, dass im operativen Betrieb die Daten so vorliegen, dass diese korrekt weiterverarbeitet werden können. Dafür muss eine Beschreibung derjenigen Daten erfolgen, die übernommen werden müssen.

Die Tätigkeiten haben unmittelbare Auswirkung auf das Datenmodell und müssen mit sehr hoher Genauigkeit erfolgen. Dabei gilt es zu beachten, welchem übergeordneten Zweck die Daten dienen sollen.

Zweck der Datenbereitstellung in einem CRM-System

Zweck	Ausgangslage, Durchführung und Ziel
Analytisch	• Interaktionen sollen besser verstanden werden können, um eine Verbesserung der Geschäftsbeziehung zu erreichen • Systematische Auswertung von gesammelten Kundendaten aus operativen und kommunikativen Prozessen • Verbesserung des Angebotes an Kunden
Operativ	• Kundenbezogene Arbeitsprozesse sollen wahrnehmbar und nachvollziehbar für die CRM-Anwender sein • Systematische Verarbeitung und Speicherung von Daten mittels Bearbeitungswerkzeugen (Funktionen, Felder etc.) in einer Datenbank • Erwartungen von Kunden sollen durch Einhaltung der abteilungsspezifischen Prozesse erfüllt werden
Kollaborativ	• Gemeinschaftliche Steuerung der Kundenbeziehung bei partnerschaftlicher Arbeit • Bereitstellung der Kundendaten in verschiedene Systemen, die durch mehrere Parteien genutzt werden • Qualitätssicherung und Austausch über die Kundenerwartung
Kommunikativ	• Übergreifendes Verständnis des Kunden durch Abbildung aller Kommunikationsinhalte • Steuerung der kanalübergreifenden Interaktion mit den Kunden und Gewährleistung der Synchronisation aller Informationen • Optimierung und Steigerung der Effizienz der Kommunikation mit den Kunden

Tabelle 20: Zweck der Datenbereitstellung im CRM (RE-P-10-T)

Die Grundlage der oben genannten Inhalte stellt das strategische CRM dar, das sich mit der Fragestellung beschäftigt, wie bestimmte Kundengruppen gebunden werden können und wie dies zu erfolgen hat.

Durch **die Prozessdefinition ist die Zielvorgabe für die Datenübernahme** im Grunde bereits vorab geschehen. In deren Rahmen ist indirekt bereits vorgegeben, ob die Daten vorwiegend für **analytische, operative, kommunikative oder kollaborative Zwecke** zur Verfügung stehen müssen. Daraus ableitend entscheidet sich, wie das Datenmodell (Details sind im Ablauf 9. *Konzeptionierung des Datenmodells* im Rahmen des Requirements Engineering, Erkenntnisgewinn beschrieben) konzeptioniert werden muss.

Für die Übernahme der Daten erfolgt meist auch eine **Bereinigung des Datenbestandes**. Dafür ist in der folgenden Abbildung dargestellt, welche Möglichkeiten sich bieten, die Bereinigung durchzuführen.

Zur erfolgreichen Verwendung der Daten für die Prozessarbeit bietet es sich ggf. auch an, den **Umfang einzuschränken**, sodass z. B. Alt-Systeme abgeschafft werden können, um eine Konsolidierung der Systemlandschaft zu erreichen. Dadurch werden potenzielle Fehlerquellen minimiert und die Bearbeitung durch die Endanwender erheblich vereinfacht. Gleichzeitig muss die **Identifikation aller Personen** vorgenommen werden, die später mit den Daten arbeiten bzw. die Datenanlage in ihrem Bereich verantworten. Diese legen fest, ob die Gebrauchstauglichkeit, in diesem Rahmen, gegeben ist. Dafür lohnt es sich, vorab ein **Profilbild der aktuellen Datenlage** zu erstellen, um diese Personen frühzeitig in die Bereinigung und Kontrollnotwendigkeiten einzubinden. Dadurch wird der folgende Schritt, die **Festlegung der Datenverwaltung und der notwendigen Verantwortlichkeiten**, erheblich vereinfacht. Es ergibt sich für diese Personen des Weiteren eine **Durchführungskompetenz bei der Meldung von fehlerhaften Zuständen beim Testen**, weil sie mit ihren Anmerkungen entsprechend Gehör finden. Schlussendlich empfiehlt es sich, **Richtlinien und Verfahren** zur Datenhaltung festzulegen. Dadurch ist eine kontinuierlich hohe Datenqualität gewährleistet. Um den Vorgang vollständig abzuschließen, ist es empfehlenswert, auch die **Sicherstellung der Durchführung** (ggf. für die Compliance-Anforderungen) mit einem Prüfprotokoll nachzuweisen.

Requirements Engineering - Problemstellung

Bereinigung, Migration, Mapping und Re-Modulation von CRM-Daten im Rahmen eines applikationsübergreifenden Transfers

Applikationen	Durchführungskompetenz		Zeitpunkt		
	Anwender	IT / Externe	Vor Go-Live	Beim Go-Live	Nach Go-Live
Verteilte Quellen	✓		✓		
Altes CRM	✓	✓	✓		
Schnittstelle		✓		✓	
Neues CRM	✓	✓		✓	✓
Verteilte Quellen	✓				✓

Abbildung 38: Möglichkeiten der Datenbearbeitung (RE-P-10-P)

Für die Transition der Daten bietet jede Applikation geeignete und ungeeignete Funktionen zur Bearbeitung von Daten an. Je nach Quelle (z. B. Exceldateien und die an das CRM angebundene Bürosoftware bzw. ein Enterprise Service Bus als Schnittstellen-Tool) gibt es Vor- und Nachteile (Machbarkeit, Kenntnisse der Verantwortlichen, Aufwand etc.), die gewichtet werden sollten. Eine Evaluierung kann deshalb z. B. auch als Ergebnis zur Folge haben, unbereinigte Daten aus dem alten CRM in das neue CRM zu überführen, weil deren Funktionen besser geeignet sind, Daten zu bearbeiten.

Requirements Engineering – Technischer Erkenntnisgewinn

Die typischen Probleme bei der Softwareentwicklung entstehen bereits früh im Entwicklungsprozess. Deshalb wurden in den vorangegangenen zehn Abläufen alle Probleme inklusive ihrer Ursachen aufgearbeitet und so in einem Pflichtenheft beschrieben, dass die Problemlösung in den Bereich der Vorstellungskraft des Auftraggebers kommt. Diese exakte Beschreibung aller Vorbedingungen kann nun eingesetzt werden, um den Entwicklungsprozess möglichst fehlerfrei zu halten.

Zur Gewährleistung des Erfolges werden in den nun folgenden zehn Abläufen alle weiteren Details erarbeitet, die zu einer Erhöhung des technischen Erkenntnisgewinns beitragen. Beachtenswert dabei ist, dass bei den möglichen Ursachen für eine fehlerhafte Entwicklung hauptsächlich die **Kommunikationsaspekte** (Verhinderung der mangelnden Kommunikation aufgrund von Unkenntnis oder Vergesslichkeit) und der **Wissensaufbau** (mangelndes Verständnis und unzureichende Einsicht in die komplexen Details) beleuchtet werden. Eine andere mögliche Ursache, die **Dokumentationserstellung**, wurde im Rahmen der bisherigen Abläufe bereits intensiv berücksichtigt und sollte damit ausreichend abgesichert sein. Restliche Ursachen wie eine **mangelnde Organisation bzw. das Fehlen eines passenden Vorgehensmodells** und **unzureichende Steuerungsaktivitäten** (Projektmanagement von Zeit, Personen und Ressourcen) sind (siehe dazu auch im Vorwort bzw. im Abschnitt *Requirements Engineering*) weiter kein Bestandteil der folgenden Abläufe.

Naturgemäß bringen die Arbeitsschritte im Rahmen der folgenden zehn Abläufe mit sich, dass die ursprünglichen Anforderungen des Auftraggebers noch einmal kritisch durch die Berater hinterfragt werden. Im Kern sollen damit alle Eventualitäten abgefragt werden, die für die spätere Implementierung wichtig sind. Dabei sind die Abläufe aber bewusst so gestaltet, dass die Sicherheit gegeben ist, die ursprünglichen **Anforderungen nicht anzuzweifeln, sondern lediglich zu vertiefen.**

1. Gemeinsame Sprache

In den meisten Fällen sind die beauftragten Berater (bzw. der interne Administrator, wenn auf eine externe Beauftragung verzichtet wird) auch die bisherigen Wegbegleiter und mit dem größten Teil der firmeninternen Fachterminologie vertraut. Diese Vertrautheit wurde durch eine **Vielzahl von Dokumentationen** (Problembeschreibung, Anwendungsfälle, Lastenheft, Pflichtenheft, Glossar etc.) geschaffen und gewährleistet, dass seitens der Auftraggeber und der Berater dieselbe Assoziation mit den verwendeten Begriffen einhergeht. So wurde es den Beratern ermöglicht, ein **Vorverständnis für die Funktionsanwendung im Realbetrieb** zu entwickeln, ohne dass bereits eine Transformation der beschriebenen fachlichen Anforderungen in die technologischen Abläufe vorgenommen wurde. Ansonsten würde der Umstand eintreten, dass zwei Gesprächspartner über denselben Sachverhalt sprechen bzw. etwas Gleiches lesen, aber ein unterschiedliches Verständnis der schlussendlichen technischen Lösung vor dem inneren Auge haben.

Mit einem einheitlichen Verständnis ist also sichergestellt, dass Interpretationsspielräume bei den Texten des Pflichtenheftes, durch z. B. ungenaue Wortwahl, keine extensiven, massiv **über den Wortsinn hinausgehenden Deutungen** nach sich ziehen. In diesem Zusammenhang wird auch ersichtlich, weshalb die Bezüge (z. B. der Punkte im Pflichtenheft zu den Punkten im Lastenheft) zu den ursprünglichen Anforderungen so bedeutend sind, da dort die zentralen Aussagen am besten verdeutlicht werden und eine **problembezogene Auslegung** sicherstellen.

Das gemeinsame Verständnis hat aber noch einen weiteren wesentlichen Vorteil: CRM-Systeme können heute oft als Teil des *Konzeptes des innovativen Systems* (engl. Concept of innovation systems) gesehen werden. Darunter wird verstanden, dass durch kontinuierliche und schnell stattfindende Weitergabe von technologischen Neuerungen ein innovativer Prozess entsteht. Sofern die Berater also die Sprache des Auftraggebers sprechen, sind sie befähigt, die neusten technologischen Entwicklungen so zu vermitteln, dass sie unmittelbar Einzug in die operative Arbeit erhalten.

Requirements Engineering - Technischer Erkenntnisgewinn

Wenngleich bisher zahlreiche Dokumentationen erstellt wurden, die als Basis für das gemeinsame Verständnis dienen können, gibt es mitunter Sprachbarrieren, die sich nicht durch Verschriftlichung beheben lassen. So ergeben sich z. B. bei internationalen Projekten Hindernisse durch die verschiedenen Auslegungsmöglichkeiten von Worten. Ebenso nachvollziehbar sind Störungen in der Kommunikation, die aus Unterschieden in der Bildung oder einer schlechten Übertragung bei Telefonkonferenzen resultieren. Für die technologische Implementierung hingegen sollte, additiv zu allen bisher getätigten Aufwendungen, auf folgende Punkte geachtet werden.

Je intensiver sich die Technologieexperten mit den Problemen des Auftraggebers auseinandersetzen, desto eher unterliegen sie einem positiven **Anpassungszwang**. Die Adaption des Problemdrucks wird durch Kenntnis der Materie (siehe auch Ablauf *4. Markt- und Branchenkenntnisse* im letzten Kapitel) erheblich vereinfacht. Diese **Konvergenz** beschleunigt das gemeinsame Verständnis und wird durch intensiven Austausch (z. B. im Rahmen von mehrtätigen Workshops) gefördert. Auch dadurch, dass jedes Arbeitsgebiet über **eigene Sprachspezifika** verfügt, die nicht immer selbsterklärend sind. Eine der **Arbeitsleistungen von Beratern** ist es deshalb, zwischen z. B. einem Controller (Finanzbegriffe) und einem Programmierer (Programmiersprache) **zu übersetzen**. Selbst einfache Wörter wie *Deal* oder *Firma* können mitunter sehr **unterschiedlich interpretiert** werden. Hier sind erfahrene Berater gefordert, die Begriffe mit dem größten Potenzial des Missverständnisses gezielt zu erfragen.

Von Beginn an sollten die Wörter verwendet werden, die Teil der Dokumentation sind bzw. sollte die Dokumentation entsprechend geändert werden. Denn diese Begriffe werden über die Implementierungsphase hinaus in den Zeitraum des Testens und der Schulung übernommen. Die späteren Anwender erhalten auf diese Weise die Möglichkeit, **Hilfe zur Selbsthilfe** zu erlernen, indem die vermittelten Wörter ein Teil des Arbeitsverständnisses mit dem CRM-System werden und bei Problemen nach diesen recherchiert wird.

2. Allgemeine Anforderungen an das Reporting

Sofern es bereits ein voll funktionsfähiges und im Einsatz befindliches Berichtswesen gibt, kann davon ausgegangen werden, dass die Rahmenparameter sich nicht ändern und von einer Konstanz der Anforderung ausgegangen werden kann. In diesem Fall sollte bereits jetzt eine vollständige Aufnahme aller Anforderungen erfolgen.

Sofern es nur eine ungefähre Vorstellung davon gibt (wobei der Auftraggeber gefordert ist, seine Anforderungen hinsichtlich der Ernsthaftigkeit zu hinterfragen), sollte zum jetzigen Zeitpunkt nur eine grobe Aufnahme der Anforderung erfolgen. Die Detaillierung muss dabei durchaus die Benennung der Key Performance Indicators (KPIs) beinhalten, ohne aber konkret hinterfragt zu werden. Es sollte ausschließlich darum gehen, weitere Rückschlüsse für den Aufbau des Datenmodells (Ablauf 9. *Konzeptionierung des Datenmodells* in diesem Kapitel) ziehen zu können. Es gilt dabei herauszufinden, ob die erarbeiteten Details für den Datentransfer (Ablauf *10. Datenmigration, -mapping und -remodulation* im letzten Kapitel) auch diesen Ansprüchen gerecht werden. Denn wenn der Zweck der Datenbereitstellung widersprüchlich zu den Anforderungen des Berichtswesens ist, muss über ein Reporting außerhalb des CRM-Systems (z. B. über ein BI-Tool) nachgedacht werden.

Dass dieser Schritt erst jetzt erfolgen sollte, hat zum Hintergrund, dass die Abbildung eines Berichtswesens ohne das inhärente Verständnis des Unternehmens (siehe im vorangegangenen Ablauf zum gemeinsamen Sprachgebrauch) mit Problemen behaftet ist. Insbesondere weil es ein Steuerungsinstrument des Managements ist und ein hochgradiges Detailwissen voraussetzt, ohne dies explizit hervorzuheben. In diesem Zusammenhang sollte auch darauf geachtet werden, was gegenseitig unter dem Begriff Berichtswesen bzw. Reporting verstanden wird. Mitunter reichen einfachste Summierungen oder neu aggregierte Datenbestände in Form von Listen bzw. Ansichten mit den Standardmitteln des CRM-Systems, wenngleich manche Personen dafür bereits vorschnell von einem Berichtswesen (oder Datenaggregation, Managersicht etc.) sprechen.

Vergleich CRM vs. Berichtswesen bei Anfragekriterien

Schwerpunkt Kriterien	CRM Operativ	Berichtswesen Analytisch
Tätigkeiten	Verändern: Erstellen, Lesen, Überarbeiten[11]	Konsumieren
Dauer	Kurzweilig	Ausführlich
Beziehungen	Meist keine bzw. einfache Datenverbindungen	Komplexe Datenstrukturen
Umfang	Geringe Datenmenge	Hohe Datenmenge
Zugriff	Feld- oder (wenige) Tabelle(n)	Mehrere oder viele Tabellen

Tabelle 10: Anfragekriterien für Datenbereitstellung (RE-TE-2-T)

Vergleich CRM vs. Berichtswesen bei der Datenstruktur

Schwerpunkt Kriterien	CRM Operativ	Berichtswesen Analytisch
Datenmodell[12]	Anfragenbezogen	Analysebezogen
Datenquelle	Eine	Mehrere
Eigenschaften	Originär, aktuell-dynamisch, autonom	Zurückführbar-konsolidiert, historisiert-statisch, kombiniert
Volumen	Mehrzeilig	Unbegrenzt

Tabelle 11: Datenstruktur zur Datenbereitstellung (RE-TE-2-T)

Vergleich CRM vs. Berichtswesen bei Anwendertätigkeiten

Schwerpunkt Kriterien	CRM Operativ	Berichtswesen Analytisch
Typ	Stelle (z. B. Bearbeiter)	Instanz (z. B. Manager)
Anzahl	Viele	Wenige
Bereitstellung	ms – sec	sec – min

Tabelle 12: Anwenderkriterien zur Datenbereitstellung (RE-TE-2-T)

---

[11] In CRM-Systemen findet eine Limitierung hinsichtlich von Löschvorgängen statt. Daten werden zur Bewahrung der Kundenhistorie hauptsächlich inaktiv gesetzt.
[12] Siehe auch Abschnitt *9. Konzeptionierung des Datenmodells*.

Durch die Leistungsfähigkeit der heutigen CRM-Systeme bzw. den Erfahrungsschatz von Programmierern kommt es in der Praxis häufig zu dem Fall, dass Anforderungen des Berichtswesens in der CRM-Implementierung berücksichtigt werden, obwohl sie dort nicht hingehören. Zu diesem Umstand kommt es meist dann, wenn Anforderungen aufgenommen und unmittelbar umgesetzt werden. Dieses Risiko (das „Verbiegen" des Datenmodells) kann aber leicht verhindert werden, wenn im Rahmen der Abläufe vorgegangen wird, weil die Anforderungen sehr genau evaluiert werden und eine korrekte Kontextadaption gewährleistet ist (siehe Ablauf 9. *Klärung der Adaptionsnotwendigkeit* im Rahmen des Business Engineering, Systemebene).

Kriterien, die gegen eine direkte Implementierung von Berichtsanforderungen in das CRM-System sprechen, sind u. a. dass die Daten **einfach zugänglich** sein müssen. Des Weiteren müssen die Daten **konsistent** und **nicht veränderbar** sein, um einen Rückblick zu ermöglichen und in ihrer **Darstellungsform akzeptiert** zu werden. Da CRM-Systeme den aktuellen (sich verändernden) Stand (der Geschäftsbeziehung) widerspiegeln und mehr auf Details als auf Aggregation ausgerichtet sind, sprechen diese Punkte bereits gegen eine direkte Implementierung. Darüber hinaus muss unterschieden werden, welche **Art der Anfrage** erfolgt, **welche Daten** benötigt werden und **welche Anwender mit welcher Erwartungshaltung** die Einsicht benötigen. Unter Berücksichtigung dieser Details (siehe Tabellen[13]) wird unmittelbar deutlich, worin der Fehler in einer direkten Implementierung besteht. Meist wird so nämlich eine permanent hohe Last (z. B. zur Aggregation von Daten) auf das CRM-System gelegt, obwohl die Daten nur hin und wieder eingesehen werden müssen. Im Resultat sinken die Performanceraten, z. B. durch längere Ladezeiten der Datensätze oder der Formulare, oder erfolgen aufwendige Programmierungen, die entsprechend intensiv getestet werden müssen.

---

[13] Quelle siehe Literatur- und Quellenverzeichnis. Die Inhalte sind aus Gründen der Nachvollziehbarkeit leicht abgewandelt worden.

Requirements Engineering - Technischer Erkenntnisgewinn

Beispielvergleich CRM vs. Berichtswesen bei einer Anfrage (stark polarisierte Gegenüberstellung von operativen und analytischen Punkten)

Schwerpunkt Kriterien	CRM Operativ	Berichtswesen Analytisch
Tätigkeiten	Verändern: Firma anlegen, einsehen u. Adresse ändern	Segmentierung aller Firmen aus PLZ-Bereich
Dauer	Zügig	Gründlich
Beziehungen	Minimal notwendige Daten (Stammdaten)	In Kombination mit anderen Marktdaten
Umfang	Einzelne Firma	Viele Firmen
Zugriff	Meist Masterdaten	Relationale Daten

Tabelle 13: Anfragekriterien für Datenbereitstellung (RE-TE-2-P)

Beispielvergleich CRM vs. Berichtswesen bei der Datenstruktur

Schwerpunkt Kriterien	CRM Operativ	Berichtswesen Analytisch
Datenmodell	Variable Suche	Zielbezogen
Datenquelle	Die jeweilige Firma	z. B. Firmen und Territorien
Eigenschaften	Die Firma zum Zeitpunkt der Anfrage	Kontextuelle Firmendarstellung im Wandel der Zeit
Volumen	Informationen überschaubarer Länge	Unmengen an Informationen

Tabelle 14: Datenstruktur zur Datenbereitstellung (RE-TE-2-P)

Beispielvergleich CRM vs. Berichtswesen bei Anwendertätigkeiten

Schwerpunkt Kriterien	CRM Operativ	Berichtswesen Analytisch
Typ	Vertriebskollege	Vertriebsmanager
Anzahl	Mehrere Anfragen	Wenige Anfragen
Bereitstellung	Unmittelbar	Kurze Wartezeit für Aggregation

Tabelle 15: Anwenderkriterien zur Datenbereitstellung (RE-TE-2-P)

3. Richtlinie für die Implementierung
Ein gängiger Begriff für das angeratene Dokument ist die Entwicklungsrichtlinie. Es wird jedoch der neutralere Begriff *Richtlinie für die Implementierung* favorisiert, weil nicht immer eine Programmierung stattfindet, sondern oft bereits schon mit Standardkomponenten eines CRM-Systems die notwendigen **Anpassungen** (engl. Customizing, Individualisierung eines Serienproduktes ohne Programmierung) vorgenommen werden können. Im Rahmen der Programmierung sollte sie die **Namens-** (Methoden, Klassen, Pakete, Schnittstellen, Konstanten, Variablen, Instanzen sowie Datei- und Ordnernamen etc.) **sowie Strukturierungskonventionen** (Importe, Klassen, Sichtbarkeitsordnungen, Typen, Variablen, Schleifen, Bedingungen und Sonstiges wie I u. O anstelle 1 u. 0 im Code) regeln und Vorgaben für die **Code-Kommentierung** (eher „guter" Code anstelle Kommentar, Sprachfestlegung, Form etc.) enthalten.

Das übergeordnete Ziel dieser Richtlinie liegt in dem Umstand begründet, dass eine **Minimierung der Wartungszeiten** angestrebt werden soll. Nicht immer ist auch die **Lesbarkeit des Programmcodes** eines Entwicklers gegeben. Da auch nicht alle Projektteilnehmenden bis zum Ende des Projektes daran arbeiten, soll eine Minderung der **Einarbeitungszeit** für neue Beteiligte erreicht werden. Somit werden auch die **Standards für alle Projektphasen und der Anforderungsaufnahme** abgesichert und, als weiteres Ziel der Richtlinie, die **Qualitätssicherung** gestärkt. Gleichzeitig wird dadurch die **Benutzerfreundlichkeit** signifikant erhöht.

Nicht unterschätzt werden darf auch eine Richtlinie als Instrument zur Erhöhung der Benutzerakzeptanz, in der auf **Aspekte der (grafischen) Benutzeroberfläche** (engl. (Graphical) User interface[14]) eingegangen wird. Dies gilt, je nach Umfang des jeweiligen (ggf. multilingualen) Projektes, auch für mehrere weitere Richtlinien (siehe folgende Tabelle).

---

[14] Die grafische Benutzeroberfläche (GUI) ist ein Teil der Benutzeroberfläche (UI). Die UI kann nicht-grafische Elemente beinhalten, die nicht Bestandteil der GUI sind. Zwischen diesen Elementen sollte unterschieden werden, weil für die GUI die Anwender einbezogen werden sollten, ohne gleichzeitig Mitsprache für die UI zu bekommen.

Requirements Engineering - Technischer Erkenntnisgewinn

Mögliche Richtlinien für (multilinguale) Softwareprojekte

Richtlinie	Übersetzung
Beschreibung der Richtlinie in Kurzform	
Einführungsrichtlinie	Introductory Guideline
Aspekte zur Lokalisierung und Zentralisierung, unter Bezugnahme kultureller Besonderheiten. Tools und Technologien werden vorgestellt.	
Haushalts- und Finanzrichtlinie	Economical and Financial Guideline
Entscheidungsgrundlagen zur Erreichung von kurz-, mittel- und langfristigem Nutzen und der damit verbundenen Kosten	
Administrations- und Steuerungsrichtlinie	Administrative and Managerial Guideline
Steuerungsaspekte der Softwareerstellung über die gesamte Laufzeit der Entwicklung (Rollen, Verträge, Aufgaben etc.)	
Richtlinie für die Machbarkeitsstudie	Guideline for Feasibility Study
Vorgaben für Marktanalysen, Entwicklungsszenarien und Analyse vorhandener Software	
Richtlinie für die Anforderungsaufnahme	Guideline for Requirements Engineering
Steuerung des Wissensaufbaus in zentralen Bereichen für die Ursachenanalyse und Ableitung der sich daraus ergebenden Folgen	
Richtlinie zur Architektur	Guideline for Architecture
Siehe folgender Ablauf (4. Statik, Dynamik und Logik des Systems)	
Gestaltungsrichtlinie	Guideline for Design
Vorgaben zur (grafischen) Benutzeroberfläche und ihrer Funktionen	
Entwicklungsrichtlinie	Software Programming Guideline
Siehe vorangegangene Beschreibung	
Berechtigungsrichtlinie	Guideline for Authorisation
Vorgaben zur Zugriffssteuerung, z. B. über Berechtigungsvergabe etc.	
Richtlinie für den Softwaretest	Guideline for Software Testing
Aufbau und Planung der testrelevanten Bestandteile und Module	
Richtlinie für den Post-GoLive und die Wartungsphase	Post-release and Maintenance Phase Guideline
Verhinderung der Probleme von Altsystemen (engl. Legacy System)	

Tabelle 16: Mögliche Richtlinien in einem IT-Projekt (RE-TE-3-T)

Zu beachten ist, dass Richtlinien eine allgemeine Vorgabe darstellen und für eine Vielzahl an Fällen gelten. Daher beschreiben sie **nicht immer die beste Vorgehensweise**, gewährleisten **aber eine konsistente Umsetzung**.

Auf die Regelungen für die Programmierung wird an dieser Stelle nicht vertieft eingegangen, da es allgemeine Vorlagen gibt. Es soll aber nicht unerwähnt bleiben, dass es **Programmierparadigmen** gibt, die in diesen Bereich hineinspielen. Diese sollten nicht in die Entwicklungsrichtlinie einbezogen werden, um den Umfang nicht unnötig zu vergrößern. Eine **grundsätzliche Erwartungshaltung** zu formulieren (siehe dazu auch Ablauf 8. *Detaillierung der Berechtigungsvergabe*), kann jedoch nicht als Fehler bewertet werden.

Bezugnehmend auf die Richtlinie zur grafischen Benutzeroberfläche ist es hilfreich, neben **allgemeinen Prinzipien** (z. B. die Entwurfsmethodik, sofern eine Eigenentwicklung stattfindet) auch **Standards** (z. B. die Benutzeroberfläche sollte sich immer gleich verhalten) und **lokale Regeln bzw. Gestaltungsrichtlinien** (bei internationalen Projekten bzw. Implementierung mehrerer Applikationen bei verschiedenen Unternehmen) aufzunehmen. Es gibt meist auch bereits Dokumente oder Empfehlungen vom jeweiligen Software-Anbieter des CRM-Systems, die genutzt werden sollten.

Insgesamt ist bei der Erstellung von Richtlinien aber darauf zu achten, dass diese und ihre Punkte sich **nicht widersprechen** bzw. **Vorrangigkeiten geklärt** sind, um die Anwender nicht zu verwirren. Wo diese Konsistenz unterbrochen wird, sollte dies **auf Basis der Kontextadaption** geschehen und dem Anwender immer einen Vorteil bzw. eine Problemlösung bieten können.

Je nach Unternehmenskontext müssen in die Richtlinien möglicherweise auch Vorgaben zur Unterstützung der unternehmensinternen Barrierefreiheit inkludiert werden. Wobei der Aufwand und die dafür notwendigen Arbeiten nicht unterschätzt werden sollten.

Requirements Engineering - Technischer Erkenntnisgewinn

Beispiele aus einer Richtlinie zur Implementierung

Frei von Widersprüchen
Für die Anlage von Feldern zur Erfassung von Zeichenketten (alphabetisch und alphanummerisch) sollen Felder vom Typ nchar oder nvarchar[15] angelegt werden. Damit soll die Erfassung von multilingualen Zeichen ermöglicht werden.

Tabelle 17: Richtlinie ohne Widersprüche (RE-TE-3-P)

Vorrangigkeiten geklärt
Für die Anlage von Feldern vom Typ nchar oder nvarchar soll eine Mindestanzahl[16] an vordefinierten Zeichenlängen eingehalten werden. Diese sollen bei Anlage, je nach Anforderung, auf ein adäquates Mindestmaß eingeschränkt werden. Anlagen von Feldern mit Zeichenlängen über 2.000 Zeichen (vom Anwender einzugeben) sollen erst vom Administrator freigegeben werden.

Tabelle 18: Richtlinie mit Vorrangigkeiten (RE-TE-3-P)

Bezugnahme auf Kontextadaption
In Ausnahmen sollen auch Werte in oben genannten Feldtypen gespeichert werden, obwohl die Wahl anderer Datentypen naheliegender wäre. Diese Ausnahmen (exemplarisch) sind Folgende: • Datumswerte können auch Zeiträume sein, die ggf. mit alphabetischen Zeichen erfasst werden müssen. • Kundendaten (z. B. Budget beim Interessenten) lassen sich nicht als Zahlenwerte, sondern nur umschreibend erfassen. • Mitunter soll eine Autocomplete-Funktion bei der Eingabe erfolgen, um den Anwender zu unterstützen. In diesem Fall soll z. B. von Optionsfeldern abgewichen werden.

Tabelle 19: Konsistenzabweichung in Richtlinie (RE-TE-3-P)

---

[15] SQL-Datenbanken speichern Datentypen mit dem Vorzeichen n als Daten im Unicode ab. Diese Werte können dann weltweit zwischen Anwendern ausgetauscht werden.

[16] Beim Speichern im Unicode werden bei Verwendung von z. B. 2.000 Zeichen immer 4.000 Bytes Speicherplatz benötigt. Bei langfristiger Speicherung großer Mengen an Daten kann dies beachtenswerte Auswirkungen (benötigter Speicher, Indexierung etc.) haben.

4. Statik, Dynamik und Logik des Systems

Im Rahmen dieses Ablaufes sollten die bisher gesammelten Anforderungen in konkrete technische Lösungen überführt werden. Wenngleich die dafür vorgeschlagenen Begriffe der Softwaretechnik entliehen sind und daher eigentlich als Grundlage für die Tätigkeiten im Rahmen Requirements Engineering dienen, wird explizit vorgeschlagen, diese jetzt (erneut) aktiv einzusetzen. Dabei geht es um die Anwendung der **Basiskonzepte der Softwaretechnik**, in deren Rahmen die durch den Auftragnehmer angedachten Anpassungen und Entwicklungen erstmalig konzeptioniert und dem Auftraggeber vorgestellt werden. Diese Liste muss noch nicht finalisiert, aber nah genug an der späteren Lösung sein.

Um eine **stabile Struktur** (Statik des Systems) zu ermöglichen, muss zuerst die Gesamtheit der Teile des Systems festgelegt werden. Daraus ergibt sich eine eindeutige Festlegung aller Aufgaben im Kontext der operativen Abläufe. Im Rahmen der Statik werden dazu die Anforderungen in **Funktionen** sowie in **Daten(-typen) und ihre Anordnung** übersetzt.

Ebenso sollte das **Verhalten des Systems zur Laufzeit** (Dynamik des Systems) festgelegt werden. Damit wird geregelt, unter welchen Voraussetzungen bestimmte Teile des CRM-Systems laufen bzw. angewendet werden müssen. Im Rahmen der Dynamik werden dabei die **Reihenfolgen von Anweisungen/Tätigkeiten** (Stichwort: Kontrollstrukturen) auf Basis der Anwendungsfälle, die **Zustände** (z. B. unter Beachtung von Historisierung), **Bedingungen** und die darauffolgenden **Ereignisse** (z. B. über Petrinetze) sowie die **Sequenzen** (zeitliche Abläufe) beschrieben.

Des Weiteren muss eine **Verifizierung der Richtigkeit** (Logik des Systems) erfolgen, **wobei die Logik, unabhängig von Statik und Dynamik, immer Gültigkeit besitzt**. Zur Verifizierung werden, im Rahmen von Regeln, die richtigen **Schlussfolgerungen** gezogen und **Algorithmen** bestimmt, **Widersprüche** herausgearbeitet, **Vollständigkeiten** überprüft sowie **Ausnahmen** definiert. Dabei ist es vorab wichtig, die notwendigen Regeln (ihren Aufbau und die Auswahl) genau festzulegen und zu beschreiben.

Requirements Engineering - Technischer Erkenntnisgewinn

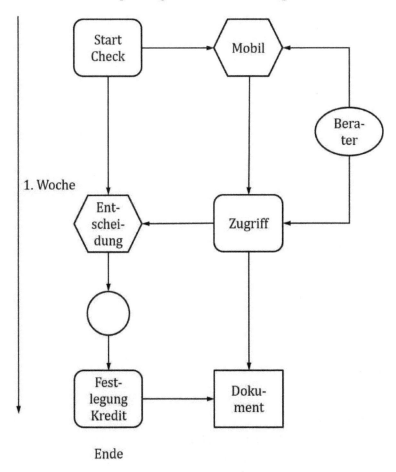

Abbildung 39: Mobiler Zugriff auf Status Kreditprüfung (RE-TE-4-T)

Durch die Anwendung der Konzepte der Softwaretechnik erfolgt eine sehr granulare Betrachtung der Fachanforderungen. Meist kommen diese Konzepte in der Praxis zum Tragen, wenn es um Eigenentwicklungen geht. Trotzdem sind diese Bestandteile des Buches, weil in den meisten CRM-Projekten zwar Standardsoftware eingesetzt wird, die aber fast nie ohne zusätzliche Anpassungen auskommt.

Viel wichtiger aber ist der Grund, dass die Anwendung der Softwaretechnik bzw. ihrer Konzepte auch bei Standardsystemen Anwendung finden muss. Denn selbst wenn bereits ein bestimmtes Rahmenwerk durch die Architektur des CRM-Systems vorgegeben ist, erfolgt dadurch eine viel anwendungsnähere Betrachtung der Anforderungen und ein gezieltes Hinterfragen der vorgeschlagenen Softwarebestandteile. Denn viel zu oft ist in der Praxis zu beobachten, dass die bereits enthaltenen Funktionen und Abläufe des CRM-Systems seitens der Berater als Allheilmittel bewertet werden und das Verständnis vorherrscht, damit könnten alle Szenarien (Fachanforderungen) abgewickelt werden.

Zur Gewährleistung der Einhaltung der im theoretischen Teil beschriebenen Inhalte ist es ratsam, eine technische Dokumentation durch den Auftragnehmer zu erstellen/erstellen zu lassen und dies wiederum durch einen Qualitätsbeauftragten des Auftraggebers abnehmen zu lassen. Dabei müssen die Aspekte der Statik, der Dynamik und Logik des Systems umfassend betrachtet werden.

Dieser Qualitätsbeauftragte sollte sich eng mit den Kollegen abstimmen, die die Fachanforderungen erstellt haben, und bei auftretenden Konflikten als Moderator bzw. als Dolmetscher fungieren. Dabei versteht sich, dass dieser Qualitätsbeauftragte etwas von Softwaremanagement bzw. zumindest von Softwaretechnik verstehen muss. Ebenso kann diese Position als Querschnittsposition verankert werden, wodurch die Einbindung des Projektmanagements gefördert und der Austausch zwischen allen Beteiligten abgesichert ist.

Requirements Engineering - Technischer Erkenntnisgewinn

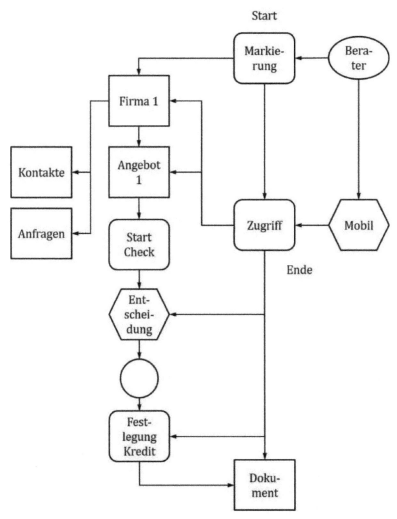

Abbildung 40: Festlegung Zugriff auf Hierarchieebene (RE-TE-4-P)

5. Niedrigschwelligkeit und Prozessautomatisierungen
Die Herstellung bzw. Erhöhung der Gebrauchs- und Funktionsfähigkeit eines CRM-Systems endet nach gängiger Ansicht nicht allein bei der formal richtigen Umsetzung aller Anforderungen. Damit würde, um aus Qualitätssicht zu argumentieren, entweder nur der **prozessbezogene Ansatz**, und damit der Fokus auf den Ausschluss von Überschuss- und Nacharbeitskosten gelegt, oder der **produktbezogene Ansatz** der Qualitätssicherung, sozusagen allein die Ablieferung eines genau spezifizierten Endproduktes, verfolgt werden. Und auch wenn der **Kosten/Nutzen-bezogene Ansatz**, der die Ablieferung eines Nutzens zu einem akzeptablen Preis vorsieht, nicht außer Acht gelassen werden darf, sind die Vorteile des **benutzerbezogenen Ansatzes**, die Befriedigung der Erwartungen und Wünsche aller Anwender, nicht von der Hand zu weisen.

Um sich dem Dilemma der Auswahl zwischen den verschiedenen Qualitätsaspekten zu entziehen, und damit auch den wahrscheinlich endlosen Diskussionen mit verschiedenen Stakeholdern, die, teilweise unbewusst, einen singulären Standpunkt vertreten, empfiehlt es sich, die Aspekte der Anwender mindestens dort einzubeziehen, wo das CRM-System ihnen Arbeit abnehmen kann. Dies betrifft im Wesentlichen die Prozessteile, die **ständig wiederkehrenden oder immer gleichlautenden Regeln** oder aber **vergleichbaren Aktionen der Anwender** unterliegen. Diese Arbeitsschritte können, meist mit überschaubarem Aufwand, aber hohem Nutzen, leicht technologisch umgesetzt werden und steigern die Anwenderakzeptanz wesentlich. Auch weil, entsprechend der gängigen Praxis, eine prozessbezogene Betrachtung der Implementierung in diesem Buch beschrieben wird, ist es notwendig, diese Art der Qualitätssicherung zu operationalisieren. Dafür empfiehlt es sich, ein **Qualitätsmodell** auszuwählen, benötigte **Merkmale festzulegen** und zur Detaillierung **eindeutige Indikatoren** zu beschreiben. Bei den Qualitätsmodellen kann dafür auf eines der **FCM-Modelle** (ISO 9125, FURPS, McCall, Boehm oder DGQ) oder eines der **GQM-Modelle** (GQM, Daimler-Benz oder Gilb) zurückgegriffen bzw. können Teile davon, je nach Anspruch und Größe des CRM-Projektes, verwendet werden.

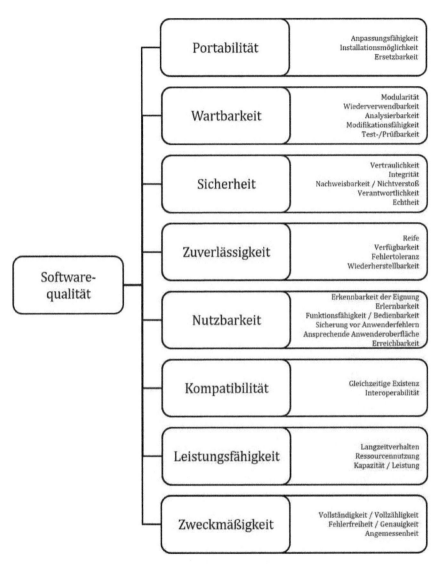

Abbildung 41: Qualitätsmodell der ISO 25010 (RE-TE-5-T)

Die Indikatoren des Qualitätsmodells sollten dann in ihrer Beschreibung Elemente beinhalten, die eine niedrigschwellige Anwendung vorsehen sowie eine Prozessautomatisierung ermöglichen.

Eine **Niedrigschwelligkeit der Anwendung** (einfach, leicht) lässt sich meist wenig aufwendig realisieren und sollte ein weitestgehend **übereinstimmendes Anwendungserlebnis** ermöglichen. So sollte die Implementierung **konvergent** sein, also trotz unterschiedlicher Szenarien und ihrer individuellen Bearbeitungsnotwendigkeit zum gleichen Ergebnis führen. Sie sollte **komplementär** sein, also Standardfunktionen erweitern, anstatt diese zu ersetzen, und dieselben Elemente der Benutzerführung aufweisen. Selbstverständlich sollte sie auch **reliabel** (zuverlässig) sein und somit immer gleich funktionieren. Unter Einhaltung dieser Maßstäbe wird auch die bereits vorab (im Rahmen der Systemebene des Business Engineerings in Ablauf *9. Klärung der Adaptionsnotwendigkeit*) erwähnte adäquate Kontextadaption erneut abgesichert.

Ziel der **Prozessautomatisierung** ist die **logische Verkettung von Regeln** mit dem Ziel, eine Automatisierung von Vorgängen des technischen Prozesses zu erreichen. Dazu werden die formulierten Anforderungen der Anwender, wo möglich und sinnvoll, in **Algorithmen** überführt und nach bestimmten Kriterien (**rechtzeitig** (synchron oder asynchron), **gleichzeitig** (parallel bzw. unter Berücksichtigung mehrerer Trigger), **verlässlich** (verfügbar und sicher) und **vorhersehbar** (planbar und deterministisch)) halbautomatisch oder vollautomatisch durch das CRM-System durchgeführt. Für die mobile Bereitstellung von Kundendaten (beschrieben im Ablauf *4. Mobiler Zugang zu CRM-Informationen* der Systemebene des Business Engineering) lässt sich dies am folgenden Beispiel darstellen.

Insbesondere hierbei muss aber darauf geachtet werden, dass die **Softwareökonomie** gewahrt bleibt und keine unnötigen Ver(schlimm)besserungen eingebaut werden. Zur Verhinderung eines solchen Aufwands- und Komplexitätstreibers sollte beachtet werden, dass der **Detailgrad der Prozessautomatisierung** vorher einschätzbar ist.

Requirements Engineering - Technischer Erkenntnisgewinn

Niedrigschwellige Bearbeitung bei geöffnetem Firmendatensatz

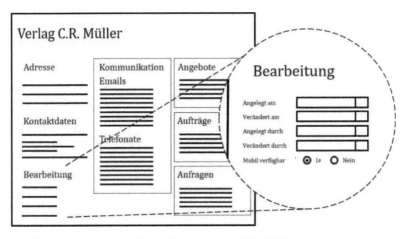

Abbildung 42: Niedrigschwelligkeit der Anwendung (RE-TE-5-P)

Prozessautomatisierung für mehrere Firmendatensätze

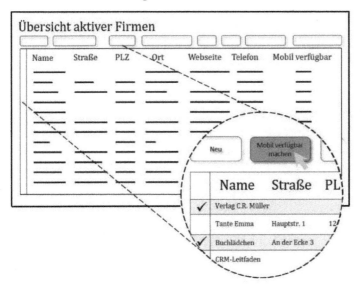

Abbildung 43: Prozessautomatisierung der Anwendung (RE-TE-5-P)

6. Kalkulation und Aggregation

Der Aspekt der Softwareökonomie kommt insbesondere dann zum Tragen, wenn es um Berechnungen und Aggregationen im CRM-System geht und häufig vergessen wird, dass CRM-Systeme vorwiegend die operativen, analytischen, kommunikativen und kollaborativen Arbeitsprozesse mit Fokus auf den Kundenkontakt unterstützen sollen, aber keine transaktionsorientierten Systeme oder Business Intelligence (BI)-Tools (siehe auch Ablauf 2. *Allgemeine Anforderungen an das Reporting* in diesem Kapitel) sind. Anhand der letzten beiden Abschnitte ist trotz einiger Beispiele aber leicht erkennbar, dass sich eine Grenze zwischen systemrelevanten und unnötigen bzw. übermäßigen Implementierungen nicht so einfach ziehen lässt. Grundlegende Fragen zur Notwendigkeit können aber Folgende sein:

- Ist das **Abstraktionsniveau** (Menge zu berücksichtigender Details) überschaubar und die **Priorisierung** richtig?
- Hilft die Implementierung zur Lösung bestehender Probleme (sozusagen als **Medizin**) oder ist die Implementierung zukünftig sinnvoll (sozusagen als **Vitamin**), beides aber im Sinne der **Optimierung der Kundensituation**? Oder anders formuliert: Werden die Kunden etwas davon bemerken?
- **Vergleich**: Wie machen es andere Firmen?
- **Anforderungshintergrund**: Entspricht die Implementierung z. B. der Unternehmensstrategie?
- Wurden die **Konsequenzen** berücksichtigt, was dies mit Blick auf die Projektdokumentation, die Anwendungsfälle, das Testen sowie die Fehlerquote im Live-Betrieb bedeutet?
- Wird das CRM-System gerade unnötigerweise **vergoldet**?
- Gibt es **Standardsoftware** für die Anforderungen?
- Wer zeichnet sich **verantwortlich** für die Umsetzungen?

Beachtenswert sind auch die Anforderungen an die **Transaktionsverarbeitung**. Für diese gelten die sogenannten **ACID-Prinzipien**, die absichern, dass Transaktionen garantiert erfolgreich ausgeführt werden.

Requirements Engineering - Technischer Erkenntnisgewinn

An der Art der oben aufgeführten Fragestellungen wird deutlich, dass sich alle Projektbeteiligten diese Fragen stellen müssen. Das Ergebnis wird dann entweder die konsequente Fürsprache aller Stakeholder oder aber die hilfreiche Minimierung des Projektrisikos sowie die Minimierung der Komplexität bei der Transferleistung sein.

Es ist zwar bereits durch die ausführliche und detaillierte Betrachtung aller Anforderungen möglich, gesicherte Annahmen über die Notwendigkeit der Implementierung zu formulieren. Die Gegenprüfung würde aber Missstände offenlegen: So würde die programmatische Erweiterung um eine Handelskalkulation (Ermittlung von Mindestpreisen zur Deckung der Nebenkosten) oder die darauf aufbauenden Bezugs- (Anschaffungskosten), Selbstkosten- (verursachungsgerechte Kostenzuteilung) und Verkaufskalkulation für Preisfestlegungen z. B. auf das Fehlen eines ERP-Systems hinweisen. Häufig auftretende Redundanzen weisen z. B. darauf hin, dass die Normalisierung der Datenbank aufgegeben wurde, um das Fehlen eines Berichtstools zu kompensieren. Ein übermäßig hohes Aufkommen von Benachrichtigungen aus dem CRM-System weist oft auf ein fehlendes Ticket-Tool hin.

Hingegen sind Kalkulationen für den Vertriebsbereich wie die grundlegende Berechnung von Rabatten, die Messwerte der Zielerreichung der Vertriebsmitarbeiter (z. B. die Anzahl der Kundenbesuche oder generierte Leads in vordefinierten Zeiträumen) oder z. B. für Kundenklassifizierungen anhand des Umsatzes alltagsnahe Szenarien. Gleiches gilt für den Servicebereich, in dem die Ermittlung von Bearbeitungszeiten für Serviceanfragen oder die Aggregationen von Tickets im Rahmen von Service Level Agreements (kurz: SLAs) die Anwender des CRM-Systems unterstützen, den Kunden effizient zu helfen. Nicht zu vergessen das Marketing, in dem die Gesamtkostenermittlung von Events (inklusive aller Aktivitäten, auch über Absatzmittler) sowie die Berechnung der Kapitalrentabilität (Return on Invest, kurz: ROI) überschaubare und schnell wirksame Maßnahmen darstellen, um bestehende Probleme bei der Optimierung der Kundensituation zu lösen.

7. Informations- und Medienbrüche

Dieser Ablauf soll die Aufmerksamkeit auf das Thema der **applikationsübergreifenden Anwendungstätigkeiten und der damit einhergehenden Darstellung von Informationen** legen. Dabei kommen die bisherigen Festlegungen zur Oberflächengestaltung, insbesondere unter Beachtung der Inhalte der letzten drei Abläufe, auf den Prüfstand. Dabei muss auch die erstellte Richtlinie (Ablauf 3. *Richtlinie für die Implementierung* in diesem Kapitel) zur GUI, sofern sie dafür keine ausreichenden Details enthält, für den Betrieb nach dem GoLive angepasst werden. Im Kern muss jetzt überprüft werden, ob die bis hierher aufgearbeiteten Prozesse, die stark in ihre Details aufgespalten wurden, unter Einhaltung aller definierten Formalien auch tatsächlich im späteren Live-Betrieb bestehen können. Relevant ist dabei, ob die unterschiedliche Darstellung von Daten bei Überbrückung verschiedener Datenmodelle und Medien (z. B. Systeme, aber auch Websites, wenn es z. B. um Kundenportale geht) die Zielstellung des Prozesses und die operativen Tätigkeiten widerspiegelt.

Dafür muss berücksichtigt werden, dass die **Daten über verschiedene Applikationen und User Interfaces erfasst werden bzw. verständlich** sein müssen. Dabei sind natürlich **Interoperabilität** und **Adaptivität** nennenswerte Merkmale, damit die CRM-Software eine ausreichende Befähigung besitzt, für ein dynamisches und damit wandlungsanfälliges Umfeld in Frage zu kommen. Dabei zählt nicht nur die darunter verstandene strukturelle Absicherung der Zukunftsfähigkeit des Systems, sondern auch die dem **Kontext gerecht werdende, gerätespezifische Darstellung** von Informationen. Denn ein und derselbe Sachverhalt wird durch unterschiedliche Mitarbeiter in unterschiedlichen Arbeitssituationen anders bewertet bzw. bearbeitet. Damit wird insbesondere die mobile Arbeitsweise (bereits konzeptioniert in Ablauf *4. Mobiler Zugang zu CRM-Informationen* und *5. Dokumentenablage spezifiziert*, Systemebene im Rahmen des Business Engineering) nun noch erweitert, da auch in Betracht gezogen wird, dass CRM-Informationen für verschiedene Mitarbeiter (*Stationär* arbeitender Kollege im Vergleich zum Kollegen I*n Bewegung*) auch unterschiedlich verfügbar sein müssen.

Requirements Engineering - Technischer Erkenntnisgewinn

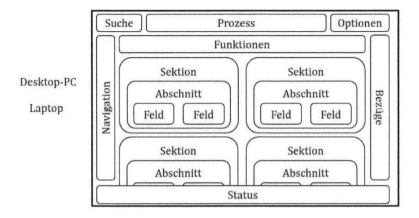

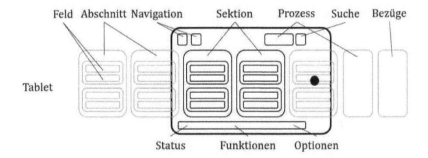

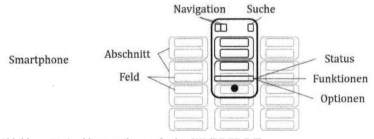

Abbildung 44: Applikationsübergreifendes GUI (RE-TE-7-T)

Für die Praxis ergeben sich daraus folgende Punkte:

- CRM-Informationen können über den Browser/die Client-Applikation, aber auch über Apps aufgerufen werden. Meist werden App-Inhalte dann entsprechend auf Geräten mit kleineren Bildschirmen und geringerer Auflösung dargestellt
- Je nach Arbeitssituation werden verschiedene Informationen benötigt. Planungsgespräche benötigen aggregierte Übersichten mit der Möglichkeit, die Details nachzuvollziehen, während z. B. Termine mit Einzelkunden ausschließlich auf Details fokussieren
- Informationen müssen eingeschränkt dargestellt werden, damit z. B. Servicemitarbeiter keine Marketingdaten sehen oder Kunden nur ihre individuellen Daten sehen
- Die Intervalle der Synchronisation müssen beachtet werden
- Je nach Mobilität müssen Daten ggf. Offline bearbeitet werden, wobei dafür festgelegt sein muss, für welchen Zeitraum die Daten rückwirkend zur Verfügung stehen sollen
- Trotz gleicher Applikation und gleichem Arbeitsschwerpunkt kann es verschiedene Benutzergruppen geben
- Aus den vorgesehenen Systemen können Daten an Applikationen übergeben werden, die nicht eingeplant sind, aber den Nutzen signifikant erhöhen, indem sie deren Daten verwenden (z. B. wenn das CRM die Kontakte mit dem Smartphone synchronisiert, das wiederum per Bluetooth mit der Autonavigation kommuniziert, um Adressdaten zur Verfügung zu stellen)

Diese applikationsübergreifende Betrachtung darf nicht unterschätzt werden, da sie eine grundlegende Änderung im Nutzerverhalten mit sich bringt. Wenngleich also eine **heterogene Systemlandschaft** vorliegt, muss ein hohes Maß an **Kompatibilität** zwischen den verschiedenen Schichten (engl. Layer) gewährleistet sein, um schlussendlich ein **homogenes Anwendungserlebnis** zu ermöglichen. Je höher dabei die **Flexibilität der Anwendung**, auch in der GUI, ausfällt, desto leichter können die Mitarbeiter **auf Geschäftserfordernisse reagieren** bzw. diese antizipieren.

Requirements Engineering - Technischer Erkenntnisgewinn

Unterschiede bei der applikationsübergreifenden CRM-Anwendung und sich daraus ergebender Details zur Informations(rück-)übermittlung

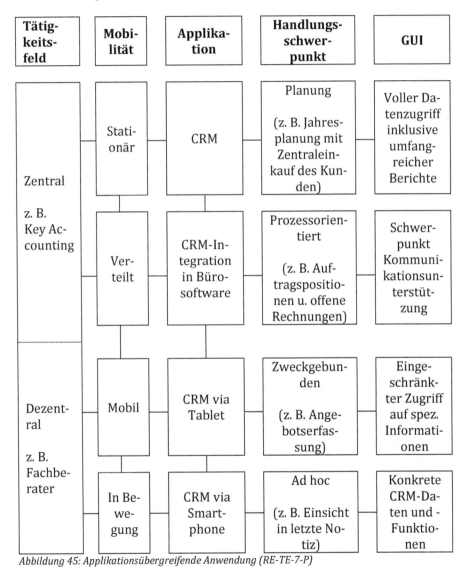

Abbildung 45: Applikationsübergreifende Anwendung (RE-TE-7-P)

8. Detaillierung der Berechtigungsvergabe

Die folgende Detaillierung der Berechtigungsvergabe erweitert die bisherige Anforderung an die Programmierung zur **Verhinderung technischer Kompromittierungen** der Daten. Mit Ausnahme einer CRM-Eigenentwicklung oder einer sehr speziellen Anforderung erfolgt somit i. d. R. eine **Spezifizierung auf Ebene der Benutzeroberfläche**.

Die **Spezifizierung noch vor der Datenmodellierung** anzusetzen, hat folgenden Vorteil. Formal gibt es noch kein abgeschlossenes Design, dem sich das Sicherheitskonzept unterordnen muss. Dadurch wird verhindert, dass Einschränkungen in Kauf genommen werden, stattdessen aber ein **kritisches Hinterfragen der vorherigen Anforderung** erfolgt. Des Weiteren hat dieses Vorgehen den Vorteil, dass die **Aufnahme der Sicherheitsanforderung als integrativer Bestandteil des Requirements Engineering** erfolgt, wenngleich noch auf einem hohen Abstraktionslevel. Damit wird wiederum den umsetzenden Personen **mehr Freiheit in der Umsetzung** gegeben, das Sicherheitskonzept aber gleichzeitig auch **inhärenter Bestandteil der Systementwicklung**.

Für die Umsetzung der Berechtigungsvergabe gibt es zwei grundlegende Prinzipien, die beachtet werden sollten: das **Need-to-know-Prinzip** (Kenntnis bei Bedarf) sowie das **Principle-of-least-Privilege** (Minimalprinzip, absolut erforderlich zur Erfüllung der Aufgabe).

Darüber hinaus gibt es Grundprinzipien der Berechtigungseinschränkung, auf die zurückgegriffen werden sollte, wenn es gesonderte Anforderungen gibt. Einerseits können (allerdings mit der nötigen Vorsicht) sogenannte **Nachahmer-Prozesse** (engl. Impersonation) erstellt werden. Meist sind dies automatisierte Abläufe im Hintergrund, für die Administratorrechte benötigt werden. Andererseits können die Grundlagen des **Privilege bracketing, Privilege escalation** sowie des **Privilege separation** (mit der Unterform des Privilege revocation) angewendet werden. Diese werden benötigt, wenn spezielle Einschränkungen oder Erweiterungen der Berechtigung erforderlich sind.

Requirements Engineering - Technischer Erkenntnisgewinn

Wenngleich einiges dafür spricht die Berechtigungsvergabe vor der Erstellung des Datenmodells, dafür aber auf einem hohen Abstraktionslevel zu gestalten, gehen in der Praxis damit einige Herausforderungen einher. Meist ist es schwierig die richtige Graduierung an Fertigstellung für die jeweiligen Projektphasen festzulegen, da bis zum GoLive noch viel am CRM-System gearbeitet wird.

Deshalb sollte vorab ein **Sicherheitskonzept** (engl. Security concept) erstellt werden, dass es ermöglicht den erwarteten Fortschritt gemäß Projektphase zu beschreiben und die Erfolgsmessung unterstützt. Dieses Sicherheitskonzept sollte sowohl auf die Vorgaben des Systemanbieters verweisen (wenn es keine Eigenentwicklung ist) und auch die Grenzen beschreiben an die sich alle halten müssen Es sollte ein lebendes Dokument sein in das alle Neuigkeiten und Änderungen einfließen. Insbesondere die Festlegungen für das Reporting (*2. Allgemeine Anforderungen an das Reporting* in diesem Kapitel) aber auch die erarbeiteten Sonderfälle (*3. Sonderfälle* im vorangegangenen Kapitel) müssen hier einfließen.

Dem wurde z. B. bereits in Ablauf 3 (*3. Abteilungsübergreifende Knotenpunkte*) der Systemebene des Business Engineering Rechnung getragen: Vom dortigen Fokus auf Spezifikationen zum *Erschließen, Speichern* und *Bereitstellen* kann nun weiter unterteilt werden nach *Ändern/Aktualisieren, Löschen, Lesen, Anhängen, Zuweisen, Freigeben, Ja/Nein-Festlegung* (z. B. Massenbearbeitung, Export usw.). Da Berechtigungskonzepte i. d. R. den Umfang der CRM-Software widerspiegeln und schwer zu erschließen sind, sollten die Unternehmensvertreter deshalb zuerst diese Begriffe verstehen. Als hilfreich für Personen ohne vertiefte Systemkenntnisse erweist sich dann meist auch als hilfreich, dass die Berechtigungsvergabe bzw. das Sicherheitskonzept über eine Kombination aus **Benutzern bzw. Benutzergruppen**, aus **Sicherheitsrollen**, aus **Objekten** (z. B. Entitäten oder Funktionen) sowie aus **Transaktionen** und **Restriktionen** besteht. Die Kombination dieser Begriffe bildet die Berechtigungsvergabe im System ab, wobei teilweise auch andere Namen dafür verwendet werden.

9. Konzeptionierung des Datenmodells

Im Rahmen dieses Ablaufes erarbeiten die Spezialisten für das zukünftige CRM-System die Grundzüge des Datenmodells auf Basis der bisher erarbeiteten technischen und fachlichen Anforderungen. Dieses wird in mehreren Modellierungsstufen zur Einsatzfähigkeit ausgeprägt. Wichtig ist dabei, dass keine Informationen aus den vorangegangenen Abläufen vergessen werden. Denn schlussendlich soll das Datenmodell die **reale Welt** mit all ihren (für notwendig erachteten) **Objekten und Beziehungen** nachbilden und die erforderlichen **logischen Verbindungen** beinhalten. Das Datenmodell soll es ermöglichen, einen Datenbestand aufzunehmen und mit den im CRM-System vorhandenen Funktionen so in Verbindung zu bringen, dass die **Gebrauchsfähigkeit** vollumfänglich gegeben ist.

Für das Datenmodell sollten dabei immer die **Grundsätze ordnungsmäßiger Modellierung** (kurz: **GoM**) angewendet werden. Sie beschreiben Grundsätze **zur Richtigkeit** (korrekte Wiedergabe im Konsens der Fach- und Methodenexperten), **der Relevanz** (anhand der explizit benannten Ziele aus den bisherigen Abläufen), **der Wirtschaftlichkeit** (angemessenes Kosten-Nutzen-Verhältnis), **der Klarheit** (verständlich für den Adressaten), **der Vergleichbarkeit** (Vergleich von (mehreren) Soll- und Ist-Modellen sowie Modellen auf Basis unterschiedlicher Techniken) sowie **des systematischen Aufbaus** (zielt auf eine sichtenübergreifende, verschiedene Aspekte einbeziehende Modellierung nach Daten-, Funktions-, Organisations- und Steuerungssicht sowie Struktur- und Verhaltenssicht ab).

Die GoM ergänzen dabei die Anforderung an die Korrektheit des Aufbaus des Datenmodells. Es soll nämlich **nicht nur korrekt**, sondern auch **sinnhaft nachvollziehbar** (Semantik), **Vollständigkeit ausreichend** darstellend (siehe auch das Rahmenproblem, engl. Frame-Problem), **organisatorisch repräsentativ** (das gemeinsame Ziel der Aufgabenerledigung) und **ökonomisch vertretbar** umgesetzt sein.

Das hauptsächlich zu lösende **Dilemma bei der Datenmodellierung** besteht darin, bereits möglichst viele **Anwendungsfälle auf struktureller Ebene zu lösen**, es aber **gleichzeitig allgemein genug zu halten**, damit während des laufenden Betriebes möglichst wenig Änderungen daran notwendig werden. Am Beispiel festgemacht, bedeutet dies, dass Änderungen im Geschäftsprozess möglichst durch einen Wechsel von Funktionen oder auf Ebene der Datensätze erfolgen, aber nicht im Schema des Datenmodells, weil dies meist auch gleich wieder Änderungen an Schnittstellen mit sich bringt. Naturgemäß fällt es den Auftraggebern schwer, in diesen tief-technischen Bereichen auf Augenhöhe mit den Entwicklern zu kommunizieren. Ebenso wäre verständlich, wenn diese sich dadurch ungerechtfertigt kontrolliert fühlen würden. Im beiderseitigen Interesse kann aber als hilfreich angesehen werden, wenn, auch anhand der GoM, transparent nachvollziehbar ist, wie Geschäftsprozesse mit einer hohen Änderungswahrscheinlichkeit umgesetzt werden. Auch die Aspekte der adäquaten Kontextadaption (*9. Klärung der Adaptionsnotwendigkeit* aus dem Business Engineering, Systemebene) und die Kriterien zur Gebrauchs- und Funktionsfähigkeit (*5. Benennung der Akzeptanzkriterien* im Requirements Engineering, Problemstellung), um nur zwei (aber herausragende) zu nennen, müssen berücksichtigt werden.

Bei der Beachtung aller eben genannten Punkte kann angenommen werden, dass alle Maßnahmen unternommen wurden, um die **Bewältigung von Komplexität** zu gewährleisten, zur **Förderung der Anwenderakzeptanz** beizutragen und eine **lange Laufzeit** zu sichern. Sollte es Punkte geben, bei denen die Erreichung dieser Vorgaben schwer oder kaum einzuhalten ist, sollte eine konsolidierte Entscheidung getroffen werden, wie weiter verfahren wird. Dabei geht es bei der Entscheidungsfindung nicht darum, das idealtypische Ergebnis festzulegen, sondern die beste Lösung, ggf. mit Einschränkungen, aber auf Basis einer wissentlichen Entscheidung, auszusuchen. Werden alle beschriebenen Buchinhalte beachtet, stellt die richtige Datenmodellierung meist kein Problem dar. Anders als es leider in der Praxis oft zu beobachten ist, weil Datenmodelle unmittelbar nach Projektstart konzipiert und dann nicht mehr ausreichend in Frage gestellt werden.

10. Überführung in den Live-Betrieb

Formal sollte nun der Abschluss des Requirements Engineering geplant sein und die Übergabe an die Entwicklung stattfinden. Daher muss, wenn nicht sogar schon mit den ersten Umsetzungen begonnen wurde, eine erste Planung erfolgen, wann eine erste, systemnahe Einschätzung der Gebrauchstauglichkeit des CRM-Systems vorgenommen werden kann. Mit dem ersten Entwurf des Datenmodells muss versucht werden abzuschätzen, inwieweit die anfänglichen Implementierungen (grundsätzlich) richtig angegangen wurden. Dabei reichen jedoch die vorab erwähnten Mock-ups oder Prototypen (Ablauf *10. Machbarkeitsnachweis* bei der Betrachtung der Systemebene beim Business Engineering) nicht aus, weil diese meist modulspezifisch ausgerichtet sind. Vielmehr muss abgeschätzt werden, ob alles vollständig ineinandergreifen kann, um die Gebrauchstauglichkeit für die Anwender zu ermöglichen. Auch Ausfallszenarien (folgende Tabelle) sollten hierbei erstmals evaluiert werden.

Je nach Größe des Projektes kann dafür auch eine vorab konzeptionierte, einheitliche Unternehmensarchitektur (engl. Enterprise Architecture, z. B. durch ein Common Data Modell oder Core Architecture Data Model (CADM)) zur Anwendung gelangen, wobei ein starker Praxisbezug, z. B. durch ein konsequentes Business-IT-Alignment, sichergestellt sein muss, um hilfreiche Resultate zu erzielen. Im Kern erfolgt dabei eine **Prüfung der Modularisierung** (im Sinne von abgeschlossenen Funktionsgruppen), ob diese richtig konzeptioniert ist. Dafür muss eine Kontextunabhängigkeit (in sich abgeschlossen) gegeben, der Umfang quantitativ und qualitativ überschaubar und eine Schnittstelle definiert worden sein. Die Prüfung der Schnittstelle führt sogleich über zur **Prüfung der Struktur**, wobei untersucht wird, ob die Module in sich selbst richtig funktionieren (bei der Entwicklung wird der Begriff Bindung, engl. Cohesion, verwendet) und die modulare Anbindung (der Begriff bei der Softwareentwicklung ist die Kopplung, engl. Coupling) der Vorstellung der Auftraggeber entspricht. Es wird also bereits bei den ersten Grundzügen der Modellierung versucht sicherzustellen, dass **keine Lücken in der Informationsübermittlung** zwischen Komponenten, und selbstverständlich auch Systemen, entstehen.

Requirements Engineering - Technischer Erkenntnisgewinn

Lfd. Nr.	Problem	Ursache
	Nachgelagerte Maßnahmen zur Behebung (permissiv)	
	Vorgelagerte Maßnahmen zur Verhinderung (präventiv)	
1	Einige Anwender können sich nicht anmelden (OnPremise / online)	Berechtigungen fehlen; Lizenzen fehlen/abgelaufen
2	Alle Anwender des Online-Systems können sich nicht anmelden	Single-Sign-On (SSO) funktioniert nicht durch Systemausfall; Hosting durch Anbieter fehlerhaft
3	Funktion ist nicht verfügbar	Update fehlerhaft; Anpassung fehlerhaft; Anpassung falsch konzeptioniert
4	Datentransformation schlägt fehl	Dienste im Hintergrund laufen nicht; Prozesse falsch erstellt
5	CRM-System ist extrem langsam	Bandbreite unzureichend; zu viele Prozesse oder diese sind falsch designed; Hardware unzureichend (OnPremise); GUI falsch konzeptioniert
6	Ansichten funktionieren nicht oder zeigen fehlerhafte Daten	Zeichen oder Symbole können nicht dargestellt werden oder Datenabruf aus Datenbank ist fehlerhaft
7	Größere Datenmengen sind nicht mehr verfügbar	Berechtigungen zu weitreichend; Daten wurden fehlerhaft mit Nummernkreisen/Markierungen versehen, die von einem (Routine-)Löschjob verwendet werden
8	Daten verschwinden sukzessive im System	(Ehemalige) Anwender löschen durch Fernzugriff/durch verzögerten Prozess Daten
9	Daten sind nicht (mobil) verfügbar	Anpassungen nicht bereitgestellt; Client bzw. App ist fehlerhaft bzw. benötigt ein Update; Benutzerkonto ist falsch eingestellt

Tabelle 31: Ausfallszenarien – Probleme und Ursachen (RE-TE-10-T)

Für die Evaluierung sollten die verschiedenen Systeme mit ersten Daten gefüllt sein, wozu auch gehört, dass alle Systeme über dieselben Stammdaten verfügen. Wobei der Alltagsbezug aller Daten hier eine sehr hohe Priorität aufweist, weil meist erst dadurch eine ausreichende Detailgenauigkeit erreicht wird. Diese Genauigkeit ist notwendig, um beobachten zu können, wie die Daten prozessiert, transformiert, berechnet und in der Benutzeroberfläche dargestellt werden. All diese Vorgänge müssen nicht gleich funktionieren, aber einen Einblick erlauben und damit die Wahrnehmung des Systems als etwas Alltagsnahes und Hilfreiches fördern.

Wichtig hierbei ist, dass diese Evaluierung keine direkte Vorstufe von einem Testprozess ist, geschweige diesen ersetzen kann. Es findet hier auch keine technische Feindetaillierung der Anforderungen statt. Stattdessen bekommen die Auftragnehmer das erste Mal die Gelegenheit, eine sehr konkrete Vorstellung davon zu entwickeln, wie ihre Anforderungen als technische Implementierung aussehen. Dieser Schritt ist deshalb so elementar, weil die später folgenden Tätigkeiten der Testvorbereitung, der Trainingsvorbereitung und die Planung der Anwenderdokumentationen auf eine solide Basis erster Erfahrung gestellt werden. Diese ist notwendig, um die Erkenntnisse von den Projektbeteiligten glaubhaft an die Endanwender weiterzugeben, die in der Unterstützung ihrer operativen Tätigkeiten dahin gebracht werden müssen, die (technologischen) Wertschöpfungsprozesse mit Inhalten auszufüllen. Damit kann das Vorgehen in diesem Ablauf auch im Rahmen des **Change Managements** verortet werden.

Gleichzeitig erfolgt mit dieser Begutachtung der allererste Schritt zu einer sukzessiven Verantwortungsübernahme durch die bisherigen Auftraggeber, die damit einen Rollentausch beginnen. Denn auch wenn, was die Evaluierung zeigen wird, doch noch Änderungen notwendig sind, nehmen sie von nun an mehr und mehr die Fäden in die Hand. Insofern sollte es ab diesem Zeitpunkt auch an den Hauptverantwortlichen liegen, über eingehende Änderungen zu bestimmen und die, bis hierher meist durch die externen Berater durchgeführten, notwendigen Schritte zu initiieren.

1	Berechtigungen und Lizenzen für die Anwender müssen erteilt werden
	Beantragung des Zugriffs anhand eines formalen Prozesses; Betriebshandbuch für Benutzeranlage erstellen
2	Backup notfalls bei einem anderen CRM-Hoster einspielen
	Service-Level-Agreements (SLAs) mit Hoster vereinbaren; Ausnahmen im SSO-Zugriff für Administratoren erlauben; CRM-Daten mobil zur Verfügung stellen
3	Deployment bzw. Update rückgängig machen; Workaround für Anwender beschreiben und versenden
	Richtlinie für Softwaretests erstellen; Anpassungsrichtlinie erstellen und CRM-Partner übergeben
4	Prozesse im Rahmen der Softwareökonomie erstellen
	Anpassungsrichtlinie erstellen; Lasttests durchführen (Richtlinie für Softwaretests)
5	Performanceanalyse erstellen
	Exitpoints definieren für schnelleren Zugriff; Anpassungsrichtlinie erstellen; skalierbare Hardware vorsehen
6	Schrittweises Filtern zur Identifikation der fehlerhaften Daten
	Scripte vorsehen zur Löschung von Sonderzeichen
7	Backup einspielen oder Offline-Daten reproduzieren
	Löschberechtigungen nur sehr restriktiv vorsehen; bei Duplizierung von Daten oder bei Importen die Löschnummernkreise prüfen, um ungeplantes Löschen zu verhindern
8	Backup einspielen oder Offline-Daten reproduzieren
	Löschprozesse von Anwendern ausstellen oder zügiges Entfernen von Berechtigungen/Lizenzen (bei Austritt) vorsehen
9	Updates einspielen; Benutzerkonto prüfen
	Anpassungsrichtlinie erstellen; Betriebshandbuch für Benutzeranlage erstellen

Tabelle 20: Maßnahmen für Ausfallszenarien (RE-TE-10-P)

3. Steuerung der Abläufe

In diesem Kapitel wird zusammenfassend beschrieben, wie die Inhalte der ersten beiden Kapitel im Alltag angewendet werden sollten.

Dafür werden die zugrundgelegten Annahmen dargestellt und beschrieben, weshalb eine Nicht-Beachtung der Abläufe zu einer fehlenden Gebrauchstauglichkeit des CRM-Systems führt und somit zu einem erhöhten Projektrisiko beiträgt.

Im Vordergrund steht dabei die Risikoabschätzung und -minimierung, allerdings nicht im Sinne einer mathematischen oder stochastischen Betrachtung. Vielmehr geht es darum, die Eintrittswahrscheinlichkeit darzustellen, um eine ausreichende Sensibilisierung für die Bedeutung der Ablaufinhalte und der Querverbindungen zwischen den verschiedenen Abläufen zu erreichen.

Diese müssen, wie eben angedeutet, immer auch in ihrem Zusammenspiel gesehen werden, weshalb nach der Darstellung der Grundannahmen und ihrer potenziellen Auswirkungen ein Vorschlag unterbreitet wird, wie eine ablaufübergreifende Steuerung vorgenommen werden kann. Diese zielt allerdings bewusst auf einen starken Detaillierungsgrad ab, damit, neben dem Fokus des Buches auf die technologische Transferleistung, keine Doppelarbeit oder Interferenzen mit der Projektsteuerung auftreten.

Da die Komplexitätsbewältigung immer auch eine Teamleistung sein muss, wird anschließend auf die Kollaboration innerhalb und außerhalb des Unternehmens eingegangen bzw. die Bedeutung der Dokumentation aller Kollaborationsergebnisse hervorgehoben.

Die Transferpotenzialmatrix

Die Anwendung der Abläufe aus dem Business Engineering und dem Requirements Engineering dient dem Ziel, einen Fehlschlag in der Transformation der Geschäftsprozesse in technologische Prozesse zu verhindern. Dabei gelten folgende Annahmen:

- Da Komplexität bzw. Kompliziertheit nicht immer sofort ersichtlich ist, muss eine stringente Risikominimierung angestrebt werden[17]
- Je mehr offensichtliche Komplexität ein Geschäftsprozess aufweist, desto höher ist die Anforderung an die Einhaltung der Ablaufinhalte
- Alle Abläufe aus dem Business Engineering sowie aus dem Requirements Engineering sollten angewendet werden, um das Risiko eines Fehlschlages bei der Implementierung zu minimieren. Die Abfolge kann dabei allerdings variieren
- Selbst bei wenig komplexen Geschäftsprozessen findet eine Anwendung aller Abläufe statt. Es verringert sich lediglich die Durchlaufzeit, weil die Menge an Faktoren überschaubarer ist
- Die Abläufe, auch bei einer selbst definierten Folge, müssen in der geplanten Abfolge durchgeführt werden, da die Inhalte aufeinander aufbauen

Grundlage dafür sind persönliche Erfahrungen des Autors aus CRM-Projekten in einem Zeitraum von ca. zehn Jahren als CRM-Berater. Selbstverständlich sollten die Verantwortlichen entscheiden, ob sie Änderungen für das individuelle Projekt vornehmen. Als Hilfestellung empfiehlt es sich, die Hinweise aus den kommenden zwei Abschnitten zu berücksichtigen und während derer Anwendung zu entscheiden, welche Prozesse für das jeweilige Projekt konkret berücksichtigt werden können.

---

[17] So sind selbst weniger problembehaftete Begriffe wie Kooperation und Kollaboration, nicht immer sofort in ihrer Erscheinungsform zu differenzieren, können aber auch z. B. Komplexität mit sich bringen und beachtenswert sein.

Die Transferpotenzialmatrix veranschaulicht das Eintrittsrisiko für das Scheitern einer Implementierung.

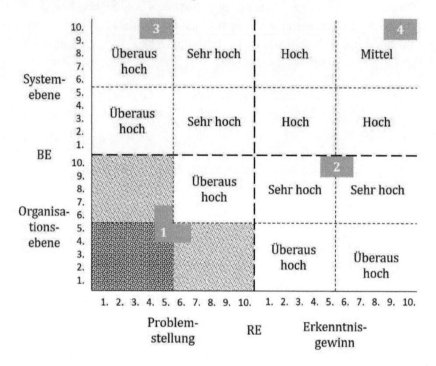

Abbildung 46: Transferpotenzialmatrix

Die jeweiligen Punkte repräsentieren jeweils ein Beispiel:

1. Ohne die vollständige Betrachtung der Organisationsebene und der Problemstellung ist ein Transfer unmöglich. Vorgenommene Implementierungen würden ohne diese Grundlagen scheitern.
2. Die Organisationsebene zu betrachten und danach ausschließlich auf die Problemstellung und den Erkenntnisgewinn zu fokussieren, würde ein überaus/sehr hohes Risiko mit sich bringen, weil z. B. der Austausch zwischen Abteilungen, die Dokumentenablage und Systemschnittstellen unberücksichtigt blieben.

3. Die alleinige Fokussierung auf die Aspekte des Business Engineering würde die technische Implementierung außer Acht lassen. Es würde seitens der Spezialisten zwar trotzdem zu einer Implementierung kommen, aber ohne alle Details der Anforderungen ausführlich genug zu berücksichtigen.
4. Alle 40 Abläufe zu berücksichtigen, minimiert das Risiko erheblich, kann aber keine externen Faktoren ausschließen.

Dazu soll im Folgenden kurz erläutert werden, wie es zu der Einschätzung der Risikohöhe kommt.

- Für die Verhinderung eines Risikos ist es notwendig, die **Ursache des Risikos** zu kennen, das **Risiko benennen** und die **Auswirkungen einschätzen** zu können. Für das Beispiel 1 wäre es z. B. nicht möglich, den Eintritt des Risikos in irgendeiner Form zu verhindern.
- Für die Minimierung der Eintrittswahrscheinlichkeit ist es gleichzeitig notwendig, **Kontrollmechanismen** anzuwenden. Bezogen auf das Beispiel 2 sieht es besser aus als für das Beispiel 1. Gleichwohl würde durch das Ausbleiben z. B. der Machbarkeitsstudie und des -nachweises (im Rahmen des Business Engineering) im Unklaren bleiben, welche Maßnahmen ergriffen werden müssten, um zu kontrollieren, dass das CRM-System das Richtige dafür ist.
- Konsequente Risikominimierung muss im Sinne eines **Vier-Augen-Prinzips** erfolgen. Dieser Anforderung würde im Beispiel 3 nicht Rechnung getragen, weil die Aspekte des Business Engineering (Auftraggeber) einzeln betrachtet und losgelöst von denen des Requirements Engineering (Auftragnehmer) betrachtet werden würden. Dadurch wäre auch keine **laufende Überwachung** mehr gegeben, was ebenso Bestandteil einer erfolgreichen Risikominimierung ist.
- Die Steuerungsaspekte, abseits der auf die technische Umsetzung fokussierten Tätigkeiten, sind kein Bestandteil dieses Buches, tragen aber zum Gelingen des Projektes bei. Daher kann die Einhaltung der Abläufe lediglich zur Risikominimierung beitragen, aber

ein **Projektmanagement** nicht ersetzen. Dementsprechend ist selbst bei Einhaltung aller Abläufe, siehe Beispiel 4, davon auszugehen, dass mindestens ein mittleres Risiko vorliegt.

Bei der Transferpotenzialmatrix ist berücksichtigt, dass viele externe, aber auch interne Faktoren ein Scheitern der Implementierung fördern können. Oft wissen Auftraggeber z. B. nicht, was sie konkret fordern möchten, bevor sie das erste Mal etwas von der CRM-Software gesehen haben. Mitunter können sie ihre Anforderungen auch nicht ausreichend mitteilen. Häufig ist in der Praxis auch zu beobachten, dass die Auftragnehmer nicht genug darüber informieren, was sie noch in der Lage wären zu leisten. Solche Beispiele ließen sich beliebig fortsetzen. Auch der Blick auf die im ersten Kapitel aufgeführten Probleme bei der Implementierung verdeutlicht, weshalb von einer latent hohen Eintrittswahrscheinlichkeit eines Risikos[18] ausgegangen werden muss.

In Anbetracht der doch recht umfangreichen, hier konsequent verinnerlichten Erfordernisse des Risikomanagements und des Einflusses vieler, auch unbekannter Faktoren (Stichwort: Restrisiko) abseits der operativen Arbeit im Rahmen der Abläufe ist die grundsätzliche Risikohöhe als umfangreich einzuschätzen. Auch deshalb, weil vielerorts noch treuherzige Zuversicht vorherrscht, dass die Projektbeteiligten (Entwickler und Anwender) rechtzeitig feststellen, wenn es zu Irrtümern kommt.

---

[18] Es gibt eine Vielzahl an Büchern, die sich mit der Thematik *Risiko als Chance* befassen. Oft liegt dem das Verständnis zugrunde, dass eintretende Risiken nicht nur als Gefahr gesehen werden, die ohne einen vorherigen Akt des Handels eintreten. Vielmehr können sie auch durch menschliche Unzulänglichkeit oder als objektive Gegebenheit auftreten und sind somit teilweise beeinflussbar. Darüber hinaus kann die Wahrscheinlichkeit des Risikoeintritts auch die Folge eines Wagnisses sein, das den kalkulierten Einsatz von Ressourcen für eine beabsichtigte Leistung vorsah, die sowohl gewinnträchtig als auch risikobehaftet ist.

Interaktionen zwischen den Abläufen
Die Anwendung der 40 Abläufe soll es ermöglichen, das Risiko der Transferleistung zu minimieren, indem die Komplexität gesenkt wird. Da die Abläufe auch in ihrer Gesamtheit betrachtet werden müssen, könnte daraus wiederum Komplexität entstehen. Um dem entgegenzuwirken, ist es, neben einer detaillierten Betrachtung, hilfreich, die Abläufe mit den stärksten Wechselwirkungen hervorzuheben. Diese Darstellung soll gleichzeitig eine Vorbereitung für den nächsten Abschnitt sein, in dem es um die Prozessbetrachtung im Rahmen aller Abläufe geht.

Zur Übersicht ist für alle Abläufe einmal aufgelistet und dargestellt, zu welchen anderen Abläufen die größten Wechselwirkungen auftreten können. Erst die Realität (im jeweiligen individuellen Projekt) wird selbstverständlich zeigen, ob die grundsätzlichen Annahmen vollständig übertragbar sind, aber auf diese Weise kann bereits während des Beginns (im Rahmen des Business Engineering) abgesehen werden, welche Rückfragen später aufkommen bzw. welche Themen in einem späteren Ablauf erneut aufgegriffen werden. Hervorzuheben sind dabei die folgenden Arten der Wechselwirkungen:

- innerhalb der vier Bausteine der Organisations- bzw. Systemebene (Business Engineering) und Problemstellung bzw. Erkenntnisgewinns (Requirements Engineering)
  - Darstellung: ─────────
- innerhalb der Konzepte, zwischen den beiden Bausteinen
  - Darstellung: ─·─·─·─·─·─
- zwischen den Bausteinen, aber über die Konzepte hinweg
  - Darstellung: - - - - - - - - - - -

Selbstverständlich bedingen sich alle Abläufe gegenseitig und werden die Details mit jedem der 40 Abläufe mehr konkretisiert. Die Darstellung bezieht sich daher nur auf Wechselwirkungen, von denen ausgegangen werden sollte, dass ohne eine ausreichende Betrachtung eines vorangegangenen Ablaufes keine ausreichende Gebrauchstauglichkeit möglich ist bzw. die Inhalte von Abläufen eine retrospektive Bedeutung haben.

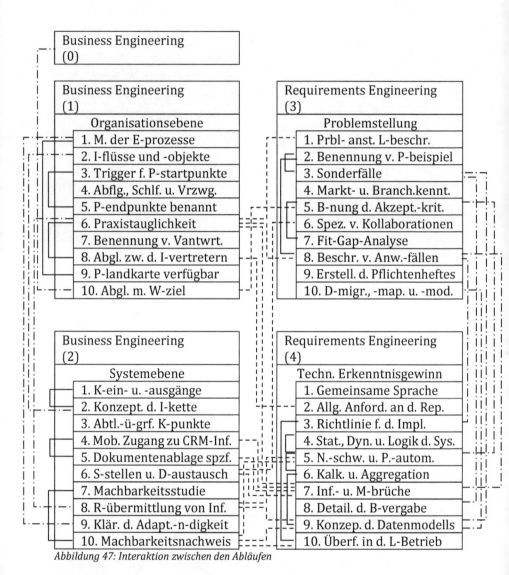

Abbildung 47: Interaktion zwischen den Abläufen

Anwendung für eine Vorstudie
Für die Sicherstellung des Projekterfolges reicht diese ablaufbezogene Betrachtung noch nicht aus, weshalb im nächstfolgenden Abschnitt auf die vertiefende, prozessbezogene Sichtweise eingegangen wird. Allerdings kann mit der bisherigen Betrachtung bereits die Zwischenphase abgesichert werden, in der bereits rudimentäre Prozessbeschreibungen oder Konzepte vorliegen, aber aufgrund fehlender Vorstellungskraft oder Details noch kein Projekt begonnen werden kann.

In diesen Phasen wird oft eine Vorstudie (engl. Pre-Study) durchgeführt. Dafür kann bereits die ablaufbezogene Übersicht angewendet werden; insbesondere die Interaktionen zwischen den Abläufen erlauben dabei wertvolle Rückschlüsse. Denn durch sie ist es möglich festzustellen, ob der Aufgabenstellung (engl. Scope) der Vorstudie entsprochen werden kann. Dazu wird im Folgenden die Intension angeführt, mit der eine Vorstudie durchgeführt wird, um anschließend aufzuzeigen, wie die ablaufbezogene Übersicht angewendet werden kann.

Aufgabenstellung einer Vorstudie:

- Erschließung notwendiger Details bzw. die Bestätigung vorliegender Informationen zur Abschätzung des Wertes einer Idee
- Beschreibung, *warum* und *wie* ein Projekt durchgeführt werden sollte und welche Projektziele dabei erfüllt werden müssen
- Benennung von Erfolgsfaktoren und -konditionen
- Identifikation möglicher Interessensvertreter und der Ansprüche
- Vorbereiten der Entscheidung, ob die Idee/Vision in einem Projekt umgesetzt oder das Ziel über andere Wege erreicht werden kann
- Beschreibung verschiedener Optionen bzw. Technologien sowie der darauf bezogenen Ausweichalternativen zur Zielerfüllung

Genau genommen, gibt es im Rahmen der Vorstudie noch Unterschiede[19]. Neben der *Unstrukturierten Vorstudie* (Evaluierung des Bedarfs), die sich von der *Strukturierten Vorstudie* (ein Set von Themen, das herausgearbeitet werden soll) dadurch abzeichnet, dass die Ergebnisse bei Ersterer von den Personen bestimmt werden, die sie durchführen, während sie bei Letzterer als Punkteliste vorgegeben sind, um vergleichbare Ergebnisse zu erzielen, gibt es zudem die *Machbarkeitsstudie* (Evaluierung, ob und wie die vorgeschlagene Option bzw. Technologie zur Lösung beitragen kann, siehe auch Ablauf *7. Machbarkeitsstudie* im Rahmen des Business Engineering, Systemebene). Wobei Letztere, durch die beabsichtigte Detailtiefe, weniger dem eigentlichen Charakter der Vorstudie entspricht und deshalb in diesem Buch bereits im Rahmen der Abläufe eingebunden wurde.

Je nach Art der Vorstudie sollten bestimmte Ablaufinformationen vorliegen, um diese starten zu können. Da die Entscheidung für eine vereinheitlichte Betrachtung der *Strukturierten* und *Unstrukturierten* Vorstudie gefallen ist, muss erwähnt werden, dass die Voraussetzungen für die Vorstudie trotz dessen nicht immer gleich sind. Es liegt an den Teilnehmenden bzw. den Beauftragenden für die Studie, zu entscheiden, welche Ablaufinformationen notwendig sind. Als gesichert kann aber betrachtet werden, dass die Modellierung der Einzelprozesse, der Informationsflüsse sowie der Prozessstartpunkte gegeben sein muss. Ob die grundsätzliche Betrachtung z. B. der Praxistauglichkeit bereits vorliegen muss, ist allerdings streitbar. Deshalb kann in der folgenden Abbildung lediglich eine Annahme getroffen werden, welche grundlegenden Informationen eines Ablaufes[20] vorhanden sein sollten.

---

[19] Die ersteren beiden Formen (*Strukturiert* und *Unstrukturiert*) sind in der Praxis so kaum anzutreffen, weshalb diese für die Liste der Aufgabenstellung zusammengefasst wurden und lediglich von der Machbarkeitsstudie abgrenzen.

[20] Die Ergebnisse einer Vorstudie können sehr weitreichende Entscheidungen nach sich ziehen, weshalb es legitim ist, das bereits recht früh Informationen aus späteren Abläufen (z. B. des Requirements Engineering) gesammelt werden. Der Fokus kann allerdings nur darauf liegen, Grundannahmen formuliert zu haben, weil schlichtweg die Details aus einer Vielzahl vorheriger Abläufe fehlen, um gesicherte Feststellungen treffen zu können.

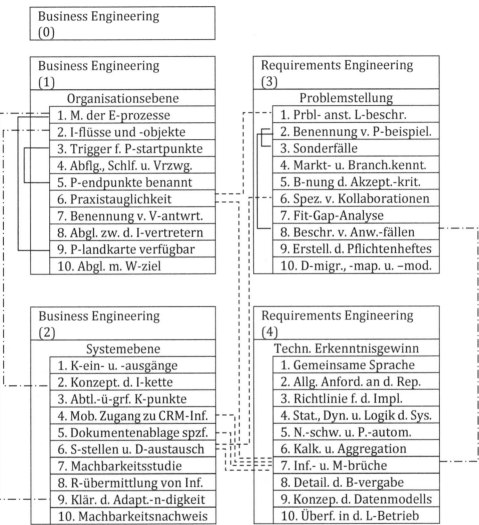

Abbildung 48: Grundlegende Ablaufinformationen einer Vorstudie

In dieser Abbildung sind lediglich noch die Interaktionen zwischen den Abläufen enthalten, von denen für mindestens einen der beiden die grundlegenden Ausgangsinformationen gegeben sein sollten. Die Linien lassen dann den Rückschluss zu, ob es sich lohnt auch die Ausgangsinformationen der anderen Abläufe auszuarbeiten.

Abbildung des Status Quo der Prozesse im Projekt
Während in den Beschreibungen der beiden vorangegangenen Abschnitte eine ablaufbezogene Übersicht enthalten war, wird diese Betrachtung im Folgenden auf der Ebene der Einzelprozesse vertieft. Dazu werden alle Abläufe in den folgenden Tabellen zusammengeführt und eine prozessbasierte Abbildung des Status Quo, zum Fortschritt der Bearbeitung, ermöglicht.

Dabei wird für jeden Prozess notiert, in welchem Stadium dieser sich pro Ablauf befindet und welche Einflüsse aus anderen Abläufen berücksichtigt werden müssen. Dafür wird als Stadium unterhalb jedes Ablaufs eines der folgenden Kriterien vermerkt.

- **I**nitiierung
- **P**lanung
- **R**ealisierung
- **A**bschluss

Da in den Annahmen formuliert wurde, dass jeder Ablauf notwendig ist, gibt es kein Kriterium á la *Nicht notwendig/Notwendig* o. ä. Es steht den Verantwortlichen aber selbstverständlich frei, z. B. die Reihenfolge auf die jeweiligen individuellen Bedürfnisse hin anzupassen.

Bei den Bezügen wird für jeden Ablauf dargestellt, aus welchen anderen Abläufen sich Abhängigkeiten ergeben bzw. dorthin auswirken. Dafür wird, aus Platzgründen, nur jeweils die Abkürzung für den Ablauf eingetragen, aus dem/für den sich Auswirkungen ergeben (haben). Am Beispiel des Ablaufes *3. Sonderfälle* aus dem Bereich der **P**roblemstellung (des Requirements Engineering) wäre das dann die Abkürzung **P3**.

Dabei können die Abhängigkeiten in der jeweiligen Dokumentation entsprechend markiert und in der dafür vorgesehenen Tabelle mit Kennzeichnungen oder Farben hervorgehoben werden. Dadurch sind Bezüge, bspw. zu Abläufen aus dem BE im RE bzw. umgekehrt ggf. leichter zu erkennen.

Business Engineering (**O**rganisationsebene)											
Kontextuelle Erfüllung	Abläufe	1. Modellierung der Einzelprozesse	2. Informationsflüsse und -objekte	3. Trigger für Prozessstartpunkte	4. Abfolgen, Schleifen und Verzweigungen	5. Prozessendpunkte benannt	6. Praxistauglichkeit	7. Benennung von Verantwortlichkeiten	8. Abgleich zwischen den Interessensvertretern	9. Prozesslandkarte verfügbar	10. Abgleich mit Wertschöpfungsziel
Sta-dium											
Be-züge											

Tabelle 21: Status Quo der Organisationsebene - BE

Requirements Engineering (**P**roblemstellung)											
Kontextuelle Erfüllung	Abläufe	1. Problem- anstelle Lösungsbeschreibung	2. Benennung von Praxisbeispielen	3. Sonderfälle	4. Markt- und Branchenkenntnisse	5. Benennung der Akzeptanzkriterien	6. Spezifizierung von Kollaborationen	7. Fit-Gap-Analyse	8. Beschreibung von Anwendungsfällen	9. Erstellung des Pflichtenheftes	10. Datenmigration, -mapping und -remodulation
Sta-dium											
Be-züge											

Tabelle 22: Status Quo der Problemstellung - RE

183

Business Engineering (**S**ystemebene)										
Kontextuelle Erfüllung	Abläufe									
	1. Kommunikationsein- u. -ausgänge	2. Konzeption der Informationskette	3. Abteilungsübergreifende Knotenpunkte	4. Mobiler Zugang zu CRM-Informationen	5. Dokumentenablage spezifiziert	6. Systemschnittstellen und Datenaustausch	7. Machbarkeitsstudie	8. Rückübermittlung von Informationen	9. Klärung der Adaptionsnotwendigkeit	10. Machbarkeitsnachweis
Stadium										
Bezüge										

Tabelle 23: Status Quo der Systemebene - BE

Requirements Engineering (**T**echnischer Erkenntnisgewinn)										
Kontextuelle Erfüllung	Abläufe									
	1. Gemeinsame Sprache	2. Allgemeine Anforderungen an das Reporting	3. Richtlinie für die Implementierung	4. Statik, Dynamik und Logik des Systems	5. Niedrigschwelligkeit und Prozessautomatisierung	6. Kalkulation und Aggregation	7. Informations- und Medienbrüche	8. Detaillierung der Berechtigungsvergabe	9. Konzeptionierung des Datenmodells	10. Überführung in den Live-Betrieb
Stadium										
Bezüge										

Tabelle 24: Status Quo des Technischen Erkenntnisgewinns - RE

Es wird empfohlen, das folgende Beispiel je Hauptprozess durchzuführen.

Requirements Engineering (Technischer Erkenntnisgewinn)											
Kontextuelle Erfüllung	Abläufe	1. Gemeinsame Sprache	2. Allgemeine Anforderungen an das Reporting	3. Richtlinie für die Implementierung	4. Statik, Dynamik und Logik des Systems	5. Niedrigschwelligkeit und Prozessautomatisierung	6. Kalkulation und Aggregation	7. Informations- und Medienbrüche	8. Detaillierung der Berechtigungsvergabe	9. Konzeptionierung des Datenmodells	10. Überführung in den Live-Betrieb
Stadium								R			
Bezüge								O2 S4 S5 S8 ----- P8 T9 T10			

Tabelle 25: Status Quo-Betrachtung auf Prozessebene

Im Beispiel ist zu erkennen, dass es für einen Prozess zu berücksichtigende Bezüge zu den Abläufen der **O**rganisations- und **S**ystemebene (**B**usiness Engineering) sowie der **P**roblemstellung und des **T**echnischen Erkenntnisgewinns gibt. Dabei sind die Bezüge zum Business Engineering bereits fast vollständig berücksichtigt, während die restlichen Bezüge noch offene Aufgaben darstellen. Da diese Arbeit sehr umfangreich ausfallen kann, sollten ggf. nur sehr komplexe bzw. besonders risikobehaftete Prozesse entsprechend dokumentiert werden. Die Anwendung der Ablaufinhalte muss aber trotzdem vollständig für alle Prozesse erfolgen.

Erfolg durch Harmonisierung

Einer der maßgeblichen Gründe für das Scheitern eines IT-Projektes ist die fehlende ganzheitliche Ausrichtung aller Projektbeteiligten zur Bewältigung der Komplexität. Es gelingt in den meisten Fällen nicht, die fachlichen, technischen und organisatorischen Ebenen so zusammenzuführen, dass eine stringent abgestimmte Leistung zur Transferierung der Geschäftsprozesse in technologische Abläufe erbracht wird.

Im Rahmen der 40 Abläufe wurde deshalb beschrieben, welche konkreten Maßnahmen erfolgen müssen, um das Risiko der Transferleistung zu minimieren. Dabei wurde darauf geachtet, die Beschreibung so zu formulieren, dass sie für alle Beteiligten nachvollziehbar und durchführbar ist. Denn nur wenn alle eingebundenen Personen auf ein konkretes Ziel hinarbeiten, kann der Projekterfolg gewährleistet werden.

Welcher Vorteil sich durch die Einhaltung der Abläufe ergibt, wird nachfolgend einmal kurz für die Zusammenarbeit innerhalb des Unternehmens sowie die Zusammenarbeit zwischen Auftraggeber und Auftragnehmer dargestellt. Denn nur wenn für alle Beteiligten ein Vorteil daraus erwächst, sich an die Abläufe zu halten, ist die Unterstützung durch die Führungsetage gewährleistet. Zwar wurde innerhalb der Abläufe bereits eine Vielzahl an Vorteilen erwähnt, die aber eher auf Detailebene zu verorten sind und nun noch einmal in einen etwas größeren Kontext gestellt werden sollen.

Gleichzeitig wurde aber auch noch einmal der Punkt der Dokumentation (bzw. das häufige Ausbleiben im Projektgeschehen) aufgenommen. Dieses bekannte und dennoch weitestgehend unterschätzte Problem im Rahmen von IT-Projekten ist zwar ebenso Bestandteil aller Abläufe, dennoch ist es nicht möglich, die Vorteile davon in ausreichender Form in den Vordergrund zu stellen, um die Bedeutung dieses Themas hervorzuheben.

Zusammenarbeit innerhalb des Unternehmens

Im Rahmen der Abläufe wurde konkret beschrieben, mit welcher Herangehensweise **die Fachabteilungen in Zusammenarbeit mit der unternehmensinternen IT** eine Prozessdefinition erstellen und diese schrittweise in technologische Abläufe (dann meist in Zusammenarbeit mit externen Dienstleistern) überführen.

Ebenso wurde versucht darzulegen, **welche Maßnahmen ergriffen werden müssen und in welcher Reihenfolge** diese zu erfolgen haben. Durch die genaue Beschreibung wird ebenso verdeutlicht, was geschehen muss, damit alle **Beteiligten ausreichend unterstützt** werden, um die Tätigkeiten (unter Beachtung der Vorbedingungen und Folgemaßnahmen) zu erledigen.

Ein besonderer Fokus wurde darauf gelegt zu beschreiben, wie die Komplexität schrittweise minimiert werden kann. So können sich alle Beteiligten **wissentlich austauschen** und der Resignation vor unbändigen Zusammenhängen ist Einhalt geboten. Gleichzeitig **fokussieren sich alle Beteiligten auf die Risikominimierung** der Transferleistung zur Erhöhung der Gebrauchsfähigkeit des CRM-Systems, was ein verbindendes Element darstellt und die Partnerschaft stärkt.

Als wesentlichen Faktor soll hervorgehoben werden, dass durch die Abläufe eine **intensive Einbindung des gesamten Managements** erfolgt. Die Planung all dieser Abläufe wird die Verantwortlichen (abseits der Aktivitäten rund um das Projektmanagement) intensiv fordern und ermöglicht zugleich genaue Messkriterien zur Fortschritts- und Erfolgsmessung.

Durch diese vier Punkte wird auch erreicht, dass alle Beteiligten seitens des Unternehmens eine einheitliche Sprache sprechen und dies entsprechend nach außen transportieren. Irritationen, Silo-Denken und Lösungen zum Vorteil Einzelner können so recht wirksam und einfach verhindert werden.

Zusammenarbeit zwischen Unternehmen und Beratern
Durch die Abläufe ist bereits vor dem Projektbeginn geklärt, wer vonseiten des Unternehmens bzw. der Berater für welche Abläufe **Verantwortung** trägt. Damit ist sichergestellt, dass eine konsensartige Lösung angestrebt wird und beide Seiten sich zu den Entscheidungen bekennen und für diese einstehen.

Hinzu kommt, dass sich alle Beteiligten über das Vorgehen im Klaren sind und somit gegenseitig darauf achten, die **Abläufe schrittweise zu durchlaufen und Quereinstiege vermeiden.** Unter Berücksichtigung einer harten Linienziehung, wäre zum einen das Unternehmen für alle Abläufe im Rahmen des Business Engineering und wären zum anderen die Technologieberater für das Requirements Engineering zuständig. Es gibt allerdings durchaus nachvollziehbare Ansprüche beiderseits, in den jeweiligen Abläufen der anderen Seite eine Beteiligung zu erreichen. So werden Berater den Wunsch verspüren, bei der Systembetrachtung mitzureden, während die Fachabteilungen beim Erkenntnisgewinn involviert werden möchten, um darauffolgend die Übergabe in den Live-Betrieb (durch das Testen, die Verschriftlichung von Handbüchern, die Vorbereitung von Schulungen etc.) vorzubereiten.

Als positiver Nebeneffekt ist zudem zu verzeichnen, dass Abweichungen von den Prozessen weniger Raum gegeben wird. Denn wenn alle Beteiligten seitens der Organisation (als Repräsentanten für die strategische Ausrichtung und IT-Ausrichtung) und seitens der Berater (als Repräsentanten der technologischen Ausrichtung) ein **gemeinsames Verständnis** haben, ist einem größeren Anspruchsdenken Einhalt geboten. Diese, in vielen IT-Projekten ausufernde Erweiterung der technologischen Implementierung durch beständiges Erfragen und Fordern von neuen Funktionen (engl. **Feature Creep**) kann dadurch verhindert werden. Auch zum Vorteil der Fachabteilung selbst, die dadurch ein benutzerfreundlicheres System erhalten und weniger Aufwand für das Testen und die Dokumentation einplanen müssen. Ebenso wird das gefürchtete **Overengineering** verhindert, das einen immensen Aufwandstreiber darstellen kann.

Dokumentation zur Risikominimierung
Es gibt wohl kein Handbuch zum IT-Projektmanagement, das nicht darauf hinweist, wie essenziell eine Projektdokumentation ist. Aus diesem Grund wird hierfür auf eine weitere Spezifikation und Quellenangabe verzichtet, auch weil es jedem, der an einem IT-Projekt teilgenommen hat, aus leidiger Erfahrung bekannt sein dürfte, welche Probleme es mit sich bringt, wenn die Nachvollziehbarkeit nicht mehr gegeben ist. Nichtsdestotrotz soll zumindest kurz erwähnt werden, dass die Handhabung komplizierter oder komplexer Sachverhalte eine gründliche Dokumentation erfordert.

Die Inhalte der Abläufe ermöglichen es deshalb, eine Risikominimierung für die Implementierung komplexer Prozesse in einem System zu etablieren, das auf Flexibilität ausgelegt ist. Denn so wie Kundenbeziehungen nicht stringent oder linear ablaufen, sind CRM-Systeme darauf ausgelegt, dies zu berücksichtigen. Kommen komplexe Anforderungen hinzu, ist der Raum für **Diskussionen und unterschiedliche Betrachtungsweisen** sehr groß. **Im Zeitverlauf verliert sich aber schnell das Wissen um Standpunkte, Herleitungen oder Betrachtungsweisen**. Durch die kontinuierliche Fokussierung auf die Dokumentation wird jedoch verhindert, konträre bzw. widersprüchliche Anforderungen zu stellen oder Lösungen implementieren zu wollen.

Bei der Einhaltung der vorgegebenen oder auf die speziellen Anforderungen der Verantwortlichen hin selbst kombinierten Abläufe wird die Vernachlässigung der Dokumentation verhindert und das Projektrisiko auch auf dieser Ebene minimiert. Nicht zu vergessen ist auch, dass die ablaufgestützte dokumentarische Arbeit allen Teilnehmenden verdeutlicht, welche **implizite Komplexität** damit einhergeht, weil sie **explizit dargestellt** wird. Sie ist ein Beleg für die Harmonisierungsbestrebung und verhindert umfangreiche Änderungsmaßnahmen, was wiederum die Budgetsituation belasten und ein Festhalten an der Orientierung gemäß den Abläufen schwerer machen würde.

4. Kritische Würdigung

Dieses Buch soll einerseits ein praxisnaher Ratgeber sein, der Modelle, Verfahren und Methoden so darstellt und, wo nötig, auch vereinfacht, um ein alltagstauglicher Ratgeber sein zu können. Andererseits ergeben sich daraus mitunter Einschränkungen in der Darstellung bzw. werden strategische Komponenten nur unzureichend berücksichtigt. Deshalb soll hier kurz darauf eingegangen werden, wo die Inhalte dieses Buches ihre Grenzen haben bzw. eine vertiefende Recherche notwendig ist.

Daher wird im Folgenden eine differenzierte Betrachtung des eigenen Vorgehens vorgenommen, wofür Paradigmen wie die Business Analysis, das Business Engineering, das Software Engineering, das Requirements Management und Qualitätsmanagement, das Requirements Engineering sowie das Strategic Alignment aufgeführt werden. Für jedes der Stichworte wird eine kurze Positionierung der Buchinhalte, nicht erschöpfend, aber erklärungsreich wie nötig, aufgeführt. Dazu wird nicht auf den aktuellen Forschungsstand bzw. den Forschungsbedarf des jeweiligen Paradigmas eingegangen, sondern es werden nur die herausragenden Merkmale dieses Buches im Vergleich zum Gesamtinhalt dargestellt. Dadurch soll jedem Leser ermöglicht werden, die Inhalte einzuordnen und um, je nach Erfordernis des eigenen CRM-Projektes, weitere Schwerpunkte aufzugreifen oder Abläufe außen vor zu lassen.

Dabei wird in zwei Punkten gegenübergestellt, worin die Vorteile bzw. Nachteile eines jeden Paradigmas bestehen und wie mit diesen in den Abläufen umgegangen wird. Wenn es mehrere beachtenswerte Merkmale gibt, sind diese jeweils unter einem Oberbegriff zusammengefasst.

Business Analysis

- Anforderungsaufnahme
  - Im Rahmen der Business Analysis geht es darum, die Grundlagen eines Unternehmens hinsichtlich der Struktur, der gelebten Prozesse sowie Kommunikationsabläufe, und selbstverständ-

lich derer zugrunde gelegten Prinzipien, nachvollziehen zu können. Im Rahmen dieser Analyse werden hauptsächliche Anforderungen gesammelt und verabschiedet, wobei die dafür notwendigen Tätigkeiten expliziert werden.
  - Die Buchinhalte greifen die strukturierte Vorgehensweise aus dem Business Analysis auf, allerdings nur für die Ablaufbeschreibungen im Rahmen des Business Engineering. Soweit möglich zielen die Buchinhalte allerdings auch direkt darauf ab, die gesammelten Anforderungen weniger abstrakt (als für die Business Analysis ausreichend) zu beschreiben, sondern konkret zu übersetzen, damit eine technologische Implementierung stattfinden kann.
- Schwerpunkt
  - Die Business Analysis kann den aktuellen Zustand eines Unternehmens (Ist) analysieren und dokumentieren, oder aber Anforderungen an den noch zu erreichenden Soll-Zustand beinhalten. Diese werden, durch einen häufigen IT-Bezug, mit Lösungen aus der Softwarelandschaft abgeglichen.
  - Die Abläufe zielen darauf ab, eine Implementierung der Anforderungen zu ermöglichen, allerdings spezifisch für CRM-Systeme und unter Beachtung der Aspekte zur Optimierung der Kundensituation. Damit heben sich die Inhalte von der Business Analysis ab, die auf das Unternehmen selbst fokussieren und nicht den Kunden in den Mittelpunkt des Wertschöpfungsprozesses stellen.

Business Engineering

- Ebenen
  - Das Business Engineering zielt auf die drei Ebenen Strategie, Prozess sowie System ab. Die oberste Ebene, die Strategieebene, dient der groben Strukturierung der Wertschöpfung des Unternehmens. Hier werden relevante Unternehmensprozesse und -segmente, Kernkompetenzen des Unternehmens, die Leistungs-

erstellung, wichtige Partner, die Position im wettbewerbsgetriebenen Marktgeschehen sowie die Unternehmensziele festgelegt.
- o Dieses Buch ist auf die technologische Implementierung der sich aus der Strategie ergebenden Prozesse fokussiert. Daher ist ein starker Detailbezug wichtig, der mit dem Schwerpunkt auf die zweite (Prozess) und dritte Ebene (System) realisiert wird. Hinsichtlich der zweiten Ebene wird dazu auf die Spezifikation der Organisation, der Beschreibung zur Umsetzung der zur Strategie notwendigen Prozesse und insbesondere deren Input, Output sowie relevanter Verantwortlichkeiten und Abfolgen abgezielt. Die auf der zweiten Ebene definierten Informationsflüsse und -objekte werden ebenso behandelt. Die in der dritten Ebene behandelten Details zur Spezifikation der Anwendungsarchitektur inkl. ihrer Modellierung (über Teilprozesse und Aktivitäten) und die Festlegung benötigter Anwendungen, fachlicher Services und IT-Komponenten werden ebenso aufgegriffen, um eine technologische Implementierung in ein CRM-System zu gewährleisten.

Software Engineering

- Standardisierung
  - o Die Softwaretechnik, als ein Grundpfeiler der Informatik, bedient sich stark standardisierten Regeln und formaler Abläufe. Sie beschreibt Prinzipien, Methoden, Werkzeuge und Basiskonzepte als Ausgangslage für das Requirements Engineering.
  - o Über die Ansätze der agilen Entwicklung lässt sich sicherlich streiten, sie sind aber unbestritten ein alltäglicher Bestandteil in IT-Projekten geworden. Daher sind Aspekte der agilen Vorgehensweise oder einfach einer schlichtweg adäquaten (situationsgerechten) Vorgehensweise eingeflossen, auch wenn diese aus Blick der Formalisten manchmal unstrukturiert wirken.
- Verständlichkeit

- o Die Modellierung im Rahmen der Softwaretechnik unterliegt einer Terminologie, wobei davon ausgegangen wird, dass alle Beteiligten mit den Inhalten vertraut sind.
- o Allen Beschreibungen liegen einheitliche, allseits bekannte Begriffe zugrunde, auch wenn so oft wie möglich auf die Terminologie verwiesen wird, um neben der Gewährleistung einer verständlichen Anwendung auch nachträgliche Rechercheleistungen zu unterstützen.
- Praxisbezug
  - o Die zur Beschreibung der Softwaretechnik angeführten Fallbeispiele sind oft wenig verständlich für fachfremde Personen und beinhalten meist ausschließlich ein konkretes Beispiel, für das dann gleichzeitig alle Formalitäten angewendet werden.
  - o In diesem Buch werden sehr viele Praxisbeispiele aufgeführt und beleuchtet. Dann zwar nicht in der, üblicherweise für wissenschaftliche Zwecke geschriebenen Bücher, ausufernden Tiefe, sondern nur ansatzweise beleuchtend und ideengebend, aber mit dem Verständnis, dass jedes Unternehmen individuell ist und seinen eigenen Weg, nach einer Richtungsanzeige, gehen muss.

Requirements Management

- Steuerung
  - o Das Requirements Management ist, ebenso wie das Projektmanagement, ein integratives und iteratives Vorhaben. Es umfasst die Aufgaben, die notwendig sind, um die Anforderungen aufzunehmen, die Nachverfolgung zu gewährleisten sowie Änderungen zu steuern.
  - o Die Abläufe mit ihren Inhalten sind so gegliedert, dass eine Integration in die Steuerungsvorhaben gewährleistet ist und sich die Maßnahmen in den Projektablauf integrieren lassen. Diese Parallelität zum zeitlichen Ablauf beinhaltet aber keine kon-

krete Steuerung von Verantwortlichkeiten, weil die Beschreibungen weniger auf persönliche Tätigkeiten und Dokumentation als vielmehr systembezogene Aktivitäten abzielen.

Requirements Engineering

- Formalität
  - Das Requirements Engineering beschreibt die hauptsächlichen Systemeigenschaften, also nicht die konkrete Umsetzung. Es konzentriert sich dafür stark auf tief-technische Details und formalisierte Aspekte, deren Anwendung so hauptsächlich durch IT-Berater, die sich aber unter Kostendruck befinden, erfolgen müsste.
  - In diesem Buch erfolgt daher eine intensive Berücksichtigung der Details des Fachthemas, aber transformiert in die Alltagssprache und anhand von Beispielen zur Schaffung einer gemeinsamen Kommunikationsbasis aller Projektbeteiligten.
- Langfristigkeit
  - Das Requirements Engineering endet mit der Prüfung und Abnahme der Fachanforderungen.
  - In diesem Buch wird Wert darauf gelegt, dass beide Seiten des CRM-Projektes, sowohl die Auftraggeber als auch die Auftragnehmer, einen langfristigen Fokus haben und eine Implementierung verfolgen, die über das IT-Projekt hinausgeht und eine Optimierung der Kundensituation in den Vordergrund stellt.

Qualitätsmanagement

- Ansätze
  - In einem der Abläufe (*5. Niedrigschwelligkeit und Prozessautomatisierungen* im Rahmen des Requirements Engineering) wurden die vier unterschiedlichen Ansätze des Qualitätsmanagements aufgeführt. Je nach Literatur oder Sichtweise wird meist eine dieser Positionen eingenommen und gelebt.

- o Der gedankliche Grundaufbau des Buches liegt in der prozessorientierten Anforderungsanalyse und -umsetzung. Der Schwerpunkt aller Ablaufbeschreibungen liegt allerdings bei der benutzerorientierten Sichtweise, weil die Schaffung eines anwenderfreundlichen Systems im Vordergrund steht, das aber gleichzeitig dem Unternehmensziel entsprechen muss. Der kostenbasierte Ansatz wird dabei von allen Ansätzen am wenigsten berücksichtigt. Dies erfolgt nur wenn es um die Verhältnismäßigkeit der Anforderungsumsetzung und der Risikominimierung geht. Dem liegt die Ansicht zugrunde, dass dies über das Projektmanagement und die verfügbaren Ressourcen im Projektgeschehen ausreichend berücksichtigt wird.

Strategic Alignment

- Ebene
  - o Das Strategic Alignment zielt auf eine Vereinheitlichung der Unternehmens- und IT-Strategie ab. Im Ergebnis sollen die geschäftlichen Anforderungen optimal von der IT unterstützt werden.
  - o Wenngleich im Rahmen des Strategic Alignment bereits verschiedene methodische Verfahren entwickelt wurden, ist der Praxisbezug bisher nicht ausreichend hergestellt bzw. bestätigt. Die Abläufe dieses Buches versuchen zu beschreiben, wie auf operativer Ebene ein Abgleich zwischen IT-Beratern (extern und intern) mit der Fachabteilung gelingen kann. Dies ist dem Verständnis geschuldet, dass jede Problemlage individuell ist und sich nur über gelebte, problem- und detailorientierte Kollaboration lösen lässt.

Selbstreflektierend stellt sich auch die Frage, ob diese Kombination aus Fachthemen und dem Herausgreifen der jeweiligen Merkmale optimal gewählt ist. Um möglichst objektiv zu bleiben, lohnt es sich, auf die ursprüngliche Intention dieses Buches zurückzuschauen. Diese beschreibt die Bewältigung von Komplexität und Minimierung von Risiken für eine erfolgreiche Transformation von prozessorientierten Anforderungen in technologische Abläufe.

Zusammenfassend lässt sich festhalten, dass die praxisorientierte Herangehensweise in Projekten und für die Erstellung dieses Buches stets recht schnell offenbart hat, wie viele Fachthemen für IT-Projekte im Allgemeinen und, z. B. mit Blick auf das Strategic Alignment, für CRM-Projekte im Besonderen zurate gezogen werden können bzw. sogar müssen. Aus dem operativen Erfahrungshorizont heraus ist die Themenwahl also durchaus adäquat und erklärt, gleich als Gegenbeweis sozusagen, weshalb so viele CRM-Projekte sonst scheitern (können).

Des Weiteren ist der Autor von der Richtigkeit der jeweiligen Paradigmen überzeugt, weil sie in einer breiten Literatur vielfach bestätigt und überprüft wurden, aber auch weil die individuelle Anwendung ihrer jeweiligen Schwerpunkte (im Rahmen der Steuerung durch das Management) ebenso nachvollziehbar zu einer Risikominimierung führt.

Der Autor ist auch deshalb von der richtigen Auswahl überzeugt, weil zu ungefähr gleichen Teilen der Fokus auf die Fachanforderung sowie auf die systemischen Anforderungen und den Graubereich dazwischen gelegt wurde. Begleitet wird dieser Orientierungsrahmen durch die Berücksichtigung der Qualitäts- und Kommunikationsaspekte, erweitert (wenngleich auch ohne Benennung eines konkreten Paradigmas abseits der Qualitätsbetrachtung) um die Aspekte der Berücksichtigung der Bedürfnisse der Endanwender. Da, auch um die Brücke zwischen Praxis und Wissenschaft zu schlagen, so viele Erfahrungsberichte wie möglich eingeflossen sind, wird die Bereitstellung einer anwendungsfreundlichen Implementierung nachhaltig unterstützt, sodass selbst die Belange der Kunden des Unternehmens, die schlussendlich über den Unternehmenserfolg entscheiden, berücksichtigt werden.

Schließlich wird es den operativen Kräften im Projekt auf diese Weise ermöglicht, das Projektmanagement auf einer Ebene zu unterstützen, auf der es nicht eingreifen kann. Gleichzeitig kann das Team mit komplexen

Details umgehen und die vielfach gebotenen, aber oft unbekannten Werkzeuge und Maßnahmen einsetzen, um gemeinsam zum Ziel zu gelangen. Dadurch wird aber auch noch einmal deutlich, dass die Ablaufbeschreibungen im Rahmen des Business Engineering und Requirements Engineering ihre Grenzen finden. Denn die Wahl des richtigen Vorgehensmodells, die Akquirierung kompetenter Mitarbeiter und Berater für das Projekt oder die strategische Ausrichtung des Unternehmens (als Vorbedingungen für die Prozessdefinition im Rahmen der hier ausgeklammerten Strategieebene des Business Engineering) sind Faktoren, die eine erfolgreiche Implementierung befördern bzw. verhindern und in diesem Buch ausgeklammert sind. Versinnbildlicht wird dies in der CRM-Transferpotenzialmatrix mit der Möglichkeit, maximal ein mittleres Eintrittsrisiko für das Scheitern der Implementierung zu erreichen. Die Hintergründe dafür wurden im Abschnitt zur Komplexität beleuchtet (Komplexität), die gleichzeitig erklären, weshalb eine rigorose Anwendung aller Inhalte nicht immer zielführend ist, z. B. weil das Unternehmen nicht mit dieser Form der Komplexität umgehen kann, da es schlichtweg nicht über die Möglichkeit verfügt, entsprechende Ressourcen zur Bearbeitung bereitzustellen.

Wenngleich also hier die Buchinhalte ihre Grenzen finden, sind sie vorteilhafterweise systemübergreifend anwendbar. Da sie sich auf Prozesse und nicht explizit auf ein CRM-System beziehen, sind sie auf alle kundenbezogenen Vorgänge in jeder Art von System anwendbar. Für nicht-kundenbezogene Prozesse gelangen sie allerdings wiederum schnell an ihre Grenzen, weil weder rechtliche, finanzielle noch soziale Faktoren in den Abläufen berücksichtigt werden.

5. Schlusswort

In der Hoffnung, Ihnen als Verantwortliche Ihres Unternehmens geholfen zu haben, die CRM-Geschäftsprozesse in technologische Abläufe umzuwandeln, wurden nicht nur Maßnahmen und strukturierte Modelle im Rahmen von Abläufen beschrieben, sondern auch praktische Anwendungsfälle aus dem eigenen Erfahrungshorizont vermittelt. Gleichwohl ist es dem Autor aus der Erfahrung bewusst, dass die Anwendung der Abläufe von allen Mitgliedern des Projektteams getragen werden müssen. Diese Abläufe als Einzelkämpfer durchboxen zu wollen, wird naturgemäß von wenig Erfolg gekrönt sein.

Als Erklärungsmodell dafür diente ein verallgemeinerter Geschäftsfall, anhand dessen vereinfacht vorstellbar ist, dass es noch bedeutend umfangreichere Beispiele als dieses gibt. Allerdings ist an dem gewählten Beispiel sicher bereits deutlich geworden, wie vielfältig die Komplexität sein kann und deshalb alle beschriebenen Abläufe Beachtung finden müssen. Dieser Punkt soll auch zum Anlass genommen werden, darauf hinzuweisen, dass die Prozesse möglicherweise Fehler aufweisen können. Ganz vermeiden lässt sich dies nicht und insofern ist dieses Buch (trotz aller Qualitätsbemühungen vielleicht) ein gutes Spiegelbild der Realität im Projekt. Es sollte aber noch etwas anderes verdeutlicht werden, das sich mit Blick auf die Transferpotentialmatrix herausgestellt hat: Die Annahme eines risikofreien Projektes ist sicherlich eine Illusion und auch die Einhaltung aller Abläufe dieses Buches (bzw. ihrer angepassten Variante für individuelle unternehmerische Bedürfnisse) können keine Erfolgsgarantie sein. Erfolgreiche Projekte beruhen auf der Kombination aus einem Vorgehensmodell, das ebenso zum jeweiligen Unternehmen passt, sowie einer stringenten Steuerung durch gute Projektmanager und konsequente Dokumentation. Die Einhaltung der Abläufe ist aber das Äquivalent dazu, und zwar auf einer Detailebene, die durch Vorgehensmodelle und Steuerungsansätze nicht erreicht werden kann.

Wir wünschen allen Verantwortlichen für ihr CRM-Projekt alles Gute und viel Erfolg!

Anhang

Fast alle Abbildungen und Tabellen dieses Buches sind eigene Darstellungen und haben deshalb keine Quellenangabe in der Beschriftung. Auch wenn der Aufwand damit sehr hoch ausfiel, war er es wert, damit sichergestellt sein konnte, dass praktische Erfahrungen als Grundlage dienen und möglichst keine theoretischen Konstrukte Anwendung finden. In Ausnahmefällen sind Abbildungen anderer Urheber eingeflossen, die jeweils in der Überschrift benannt wurden. Diese Ausnahmen finden allerdings nur dann Anwendung, wenn der Praxisbezug bereits sichergestellt und vielfach bewährt ist.

Literatur- und Quellenverzeichnis

Abts, D.; Mülder, W. (Hrsg.): Masterkurs Wirtschaftsinformatik, Vieweg+Teuber, Wiesbaden, 2010, S. 670

Balzert, H.: Lehrbuch der Softwaretechnik: Basiskonzepte und Requirements Engineering, Spektrum Akademischer Verlag, Heidelberg, 3. Auflage 2009, S. 404ff.

Balzert, H.: Lehrbuch der Softwaretechnik: Softwaremanagement, Spektrum Akademischer Verlag, Heidelberg, 2. Auflage 2008, S. 460ff.

Bashiri, I.; Engels, C.; Heinzelmann, M.: Strategic Alignment, Springer, Berlin, 2010, S. 209ff.

Forte, M.: Unschärfen in Geschäftsprozessen, Weißensee Verlag, Berlin 2002, S. 148

Hirzel, M.; Kühne, F.: Prozessmanagement in der Praxis. Wertschöpfungsketten planen, optimieren und erfolgreich steuern, Gabler Verlag, Wiesbaden, 1. Auflage April 2005, S. 92

Jedlitschka, A.: Product-Focused Software Process Improvement – 9th International Conference - PROFES 2008, Springer Verlag, Heidelberg 2008, S. 125

Konz, S.: Darstellung und Analyse von Transaktionen und Transaktionskosten in Kunden-Lieferanten-Beziehungen, Diplomica Verlag GmbH, Hamburg 2009, S. 44

Murtaza, M.; Ahmed, S.: Guidelines for Multilingual Software Development, Master's Thesis at Chalmers University of Technology and University of Gothenburg, Sweden March 2012

Olbrich, R.: Komplexität aus Sicht des Marketing und der Kostenrechnung in: Forschungsbericht Nr. 3, Berichte aus dem Lehrstuhl für Betriebswirtschaftslehre, insb. Marketing, Hagen 2000

Schmalzl, B.: Arbeit und elektronische Kommunikation der Zukunft. Methoden und Fallstudien zur Optimierung der Arbeitsplatzgestaltung, Springer Verlag, Heidelberg, 2004, S. 471

Wack, J.: Risikomanagement für IT-Projekte, GWV Fachverlage GmbH, Wiesbaden, 2007, S. 21f.

http://winfwiki.wi-fom.de/index.php/BI_und_Customer_Relationship_Management, Abschnitt 2.1.3 Data Warehouse, zuletzt gesichtet am 29.08.2017

http://www.troposproject.org/files/gior-mass-zann-05-FOSAD.pdf, Introduction, zuletzt gesichtet am 13.10.2017

http://www.enzyklopaedie-der-wirtschaftsinformatik.de/lexikon/is-management/Systementwicklung/Hauptaktivitaten-der-Systementwicklung/Problemanalyse-/Grundsatze-ordnungsgemaser-Modellierung/index.html, zuletzt gesichtet am 13.10.2017

http://www.enzyklopaedie-der-wirtschaftsinformatik.de/lexikon/is-management/Systementwicklung/Hauptaktivitaten-der-Systementwicklung/Problemanalyse-/Requirements-Engineering/index.html, zuletzt gesichtet am 13.10.2017

https://www.fernuni-hagen.de/marketing/download/forschungsberichte/fb03_web.pdf, zuletzt gesichtet am 13.10.2017

http://iso25000.com/index.php/en/iso-25000-standards/iso-25010, zuletzt gesichtet am 13.10.2017

https://www.johner-institut.de/blog/iec-62304-medizinische-software/software-schnittstellen-beschreibung-konform-iec-62304/, zuletzt gesichtet am 13.10.2017

https://www.johner-institut.de/blog/tag/interoperabilitat/, zuletzt gesichtet am 13.10.2017

Abbildungsverzeichnis

Abbildung 1: Aufbau der Buchinhalte 19
Abbildung 2: Kontaktanlage im CRM-System (BE-O-1-T) 23
Abbildung 3: Kontaktanlage im CRM-System (BE-O-1-P) 25
Abbildung 4: Einzelprozess für Kreditprüfung (BE-O-2-T) 27
Abbildung 5: Einzelprozess für Kreditprüfung (BE-O-2-P) 29
Abbildung 6: Kampagnenstart zur Kontaktaufnahme (BE-O-3-T) 31
Abbildung 7: Kanäle zur Kontaktaufnahme (BE-O-3-P) 33
Abbildung 8: Details der Kreditprüfung (BE-O-4-T) 35
Abbildung 9: Detaillierung der Kreditprüfung (BE-O-4-P) 37
Abbildung 10: Produkterstellung für Auftragserteilung (BE-O-5-T) 39
Abbildung 11: Kreditprüfung und Produkterstellung (BE-O-5-P) 41
Abbildung 12: Wareneingang und -prüfung (BE-O-6-T) 43
Abbildung 13: Multidimensionale Prozessgestaltung (BE-O-6-P) 45
Abbildung 14: Verantwortliche bei Kreditprüfung (BE-O-7-T) 47
Abbildung 15: Kreditprüfung als Swimlane-Darstellung (BE-O-7-P) 49
Abbildung 16: Prozesslandkarte (BE-O-9-T) 53
Abbildung 17: Prozesslandkarte mit Kundenbetrachtung (BE-O-9-P) 55
Abbildung 18: Systembezogene Informationskette (BE-S-2-T) 65
Abbildung 19: E-Mail-Kommunikation mit Kunden (BE-S-2-P) 67
Abbildung 20: Detaillierung der Kundenkommunikation (BE-S-3-T) 69
Abbildung 21: Metadaten im Kommunikationsprozess (BE-S-3-P) 71
Abbildung 22: Terminologie der Mobilität (BE-S-4-T) 73
Abbildung 23: Übersicht von CRM-Systemen (BE-S-7-T) 81
Abbildung 24: Battlecard für CRM-Systeme (BE-S-7-T) 81
Abbildung 25: Standard-CRM-Prozess (BE-S-7-P) 83
Abbildung 26: Rückübermittlung von Informationen (BE-S-8-T) 85
Abbildung 27: Kundeninformation nach Bestelleingang (BE-S-8-P) 87
Abbildung 28: Kontextadaption mit 2 Möglichkeiten (BE-S-9-P) 91
Abbildung 29: Kontextadaption mit 1 Möglichkeit (BE-S-9-P) 91
Abbildung 30: Ishikawa-Diagramm für Problemanalyse (RE-P-1-T) 99
Abbildung 31: Problemursachen für Wägevorgang (RE-P-1-T) 99
Abbildung 32: Transaktionskosten beim mobilen Zugriff (RE-P-3-P) 109
Abbildung 33: Beispielhafter Leadprozess (RE-P-4-P) 113

Abbildung 34: Kooperation und Kollaboration (RE-P-6-T) 119
Abbildung 35: Zusammenarbeit zur Angebotserstellung (RE-P-6-P).... 121
Abbildung 36: Elemente einer Fit-Gap-Analyse (RE-P-7-T) 123
Abbildung 37: Prozess einer Fit-Gap-Analyse (RE-P-7-P) 125
Abbildung 38: Möglichkeiten der Datenbearbeitung (RE-P-10-P) 137
Abbildung 39: Mobiler Zugriff auf Status Kreditprüfung (RE-TE-4-T).. 151
Abbildung 40: Festlegung Zugriff auf Hierarchieebene (RE-TE-4-P) 153
Abbildung 41: Qualitätsmodell der ISO 25010 (RE-TE-5-T) 155
Abbildung 42: Niedrigschwelligkeit der Anwendung (RE-TE-5-P) 157
Abbildung 43: Prozessautomatisierung der Anwendung (RE-TE-5-P). 157
Abbildung 44: Applikationsübergreifendes GUI (RE-TE-7-T) 161
Abbildung 45: Applikationsübergreifende Anwendung (RE-TE-7-P).... 163
Abbildung 46: Transferpotenzialmatrix 174
Abbildung 47: Interaktion zwischen den Abläufen 178
Abbildung 48: Grundlegende Ablaufinformationen einer Vorstudie 181

Tabellenverzeichnis

Tabelle 1: Begriffe und ihre Definitionen 5
Tabelle 2: Bewertung der Störwirkung für Systeme (BE-S-1-T) 61
Tabelle 3: SPOT-Betrachtung für Systeme (BE-S-1-P) 63
Tabelle 4: Problembeschreibung Beispiel (RE-P-1-T) 105
Tabelle 5: Sonderfall Komplexitätskosten (RE-P-3-T) 107
Tabelle 6: Sonderfall Transaktionskosten (RE-P-3-T) 107
Tabelle 7: Arten von Entscheidungen (RE-P-4-T) 111
Tabelle 8: Beispiele für Abnahmekriterien (RE-P-5-P) 117
Tabelle 9: Inhaltskriterien eines Pflichtenheftes (RE-P-9-T) 131
Tabelle 10: Anfragekriterien für Datenbereitstellung (RE-TE-2-T) 143
Tabelle 11: Datenstruktur zur Datenbereitstellung (RE-TE-2-T) 143
Tabelle 12: Anwenderkriterien zur Datenbereitstellung (RE-TE-2-T) . 143
Tabelle 13: Anfragekriterien für Datenbereitstellung (RE-TE-2-P) 145
Tabelle 14: Datenstruktur zur Datenbereitstellung (RE-TE-2-P) 145
Tabelle 15: Anwenderkriterien zur Datenbereitstellung (RE-TE-2-P) .. 145
Tabelle 16: Mögliche Richtlinien in einem IT-Projekt (RE-TE-3-T) 147
Tabelle 17: Richtlinie ohne Widersprüche (RE-TE-3-P) 149
Tabelle 18: Richtlinie mit Vorrangigkeiten (RE-TE-3-P) 149
Tabelle 19: Konsistenzabweichung in Richtlinie (RE-TE-3-P) 149
Tabelle 20: Maßnahmen für Ausfallszenarien (RE-TE-10-P) 171
Tabelle 21: Status Quo der Organisationsebene - BE 183
Tabelle 22: Status Quo der Problemstellung - RE 183
Tabelle 23: Status Quo der Systemebene - BE 184
Tabelle 24: Status Quo des Technischen Erkenntnisgewinns - RE 184
Tabelle 25: Status Quo-Betrachtung auf Prozessebene 185

Probleme bei der Implementierung

Für die bei den Grundlagen aufgeführten Probleme im Alltag ist hier dargestellt, in welcher Praxisbeschreibung eines Ablaufs diese jeweils aufgegriffen wurden.

Problemkategorie	Behandelt in folgenden Abläufen
Ablenkung	4. Abfolgen, Schleifen und Verzweigungen (BE-Organisationsebene)
Datenqualität	1. Kommunikationsein- u. -ausgänge (BE-Systemebene) 6. Systemschnittstellen und Datenaustausch (BE-Systemebene)
Differenzierung	2. Informationsflüsse und -objekte (BE-Organisationsebene) 3. Trigger für Prozessstartpunkte (BE-Organisationsebene) 4. Abfolgen, Schleifen und Verzweigungen (BE-Organisationsebene) 5. Prozessendpunkte benannt (BE-Organisationsebene) 3. Abteilungsübergreifende Knotenpunkte (BE-Systemebene) 3. Sonderfälle (RE-Problemstellung) 5. Niedrigschwelligkeit und Prozessautomatisierungen (RE-Technischer Erkenntnisgewinn)
Gewichtung	1. Modellierung der Einzelprozesse (BE-Organisationsebene) 10. Abgleich mit Wertschöpfungsziel (BE-Organisationsebene) 6. Systemschnittstellen und Datenaustausch (BE-Systemebene) 2. Allgemeine Anforderungen an das Reporting (RE-Technischer Erkenntnisgewinn)
Gewohnheit	4. Statik, Dynamik und Logik des Systems (RE-Technischer Erkenntnisgewinn) 9. Konzeptionierung des Datenmodells (RE-Technischer Erkenntnisgewinn)
Informationsqualität	8. Rückübermittlung von Informationen (BE-Systemebene)

	6. Spezifizierung von Kollaborationen (RE-Problemstellung) 10. Datenmigration, -mapping und -remodulation (RE-Problemstellung) 7. Informations- und Medienbrüche (RE-Technischer Erkenntnisgewinn)
Kenntnis	2. Konzeption der Informationskette (BE-Systemebene) 4. Markt- und Branchenkenntnisse (RE-Problemstellung)
Kontextbezug	7. Benennung von Verantwortlichkeiten (BE-Organisationsebene) 9. Klärung der Adaptionsnotwendigkeit (BE-Systemebene) 7. Fit-Gap-Analyse (RE-Problemstellung) 2. Allgemeine Anforderungen an das Reporting (RE-Technischer Erkenntnisgewinn) 6. Kalkulation und Aggregation (RE-Technischer Erkenntnisgewinn)
Kundenbezug	9. Prozesslandkarte verfügbar (BE-Organisationsebene) 6. Systemschnittstellen und Datenaustausch (BE-Systemebene) 8. Rückübermittlung von Information (BE-Systemebene) 10. Datenmigration, -mapping und -remodulation (RE-Problemstellung) 6. Kalkulation und Aggregation (RE-Technischer Erkenntnisgewinn)
Messbarkeit	1. Problem- anstelle Lösungsbeschreibung (RE-Problemstellung) 5. Benennung der Akzeptanzkriterien (RE-Problemstellung) 8. Beschreibung von Anwendungsfällen (RE-Problemstellung) 9. Erstellung des Pflichtenheftes (RE-Problemstellung)
Mitarbeiterakzeptanz	5. Dokumentenablage spezifiziert (BE-Systemebene) 7. Machbarkeitsstudie (BE-Systemebene) 10. Machbarkeitsnachweis (BE-Systemebene) 5. Benennung der Akzeptanzkriterien (RE-Problemstellung)

	6. Spezifizierung von Kollaborationen (RE-Problemstellung) 8. Beschreibung von Anwendungsfällen (RE-Problemstellung) 10. Datenmigration, -mapping und -remodulation (RE-Problemstellung) 3. Richtlinie für die Implementierung (RE-Technischer Erkenntnisgewinn) 5. Niedrigschwelligkeit und Prozessautomatisierungen (RE-Technischer Erkenntnisgewinn) 10. Überführung in den Live-Betrieb (RE-Technischer Erkenntnisgewinn)
Multidimensionalität	6. Praxistauglichkeit (BE-Organisationsebene) 2. Benennung von Praxisbeispielen (RE-Problemstellung)
Präzision	5. Prozessendpunkte benannt (BE-Organisationsebene) 1. Problem- anstelle Lösungsbeschreibung (RE-Problemstellung) 5. Benennung der Akzeptanzkriterien (RE-Problemstellung) 8. Detaillierung der Berechtigungsvergabe (RE-Technischer Erkenntnisgewinn) 9. Konzeptionierung des Datenmodells (RE-Technischer Erkenntnisgewinn)
Prinzipien	3. Richtlinie für die Implementierung (RE-Technischer Erkenntnisgewinn)
Prozesskosten	3. Sonderfälle (RE-Problemstellung)
Terminologie	4. Mobiler Zugang zu CRM-Informationen (BE-Systemebene) 1. Problem- anstelle Lösungsbeschreibung (RE-Problemstellung) 9. Erstellung des Pflichtenheftes (RE-Problemstellung) 1. Gemeinsame Sprache (RE-Technischer Erkenntnisgewinn)
Transparenz	1. Kommunikationsein- u. -ausgänge (BE-Systemebene)
Unterschätzung	3. Abteilungsübergreifende Knotenpunkte (BE-Systemebene)

Zeitpunkt	10. Datenmigration, -mapping und -remodulation (RE-Problemstellung)
Zustimmung	8. Abgleich zwischen den Interessenvertretern (BE-Organisationsebene) 10. Abgleich mit Wertschöpfungsziel (BE-Organisationsebene)

Übersicht der Praxisbeispiele nach Abläufen

In den folgenden Tabellen sind die am Anfang erwähnten Praxisbeispiele aufgelistet und dargestellt, in welchen Abläufen sie jeweils dargestellt wurden. Dabei ist vermerkt, ob sie im Theorieteil des Ablaufs (mit T gekennzeichnet) oder im Praxisteil (mit P gekennzeichnet) enthalten sind.

Kontaktaufnahme
Business Engineering – Organisationsebene
3. Trigger für Prozessstartpunkte (T & P)
Business Engineering – Systemebene
2. Konzeption der Informationskette (T & P)
3. Abteilungsübergreifende Knotenpunkte (T & P)
Requirements Engineering – Problemstellung
5. Benennung der Akzeptanzkriterien (P)
8. Beschreibung von Anwendungsfällen (P)

Kontaktanlage
Business Engineering – Organisationsebene
1. Modellierung der Einzelprozesse (T & P)
Requirements Engineering – Problemstellung
2. Benennung von Praxisbeispielen (P)
4. Markt- und Branchenkenntnisse (P)

Kreditprüfung
Business Engineering – Organisationsebene
2. Informationsflüsse und -objekte (T & P)
4. Abfolgen, Schleifen und Verzweigungen (T & P)
5. Prozessendpunkte benannt (P)
7. Benennung von Verantwortlichkeiten (T & P)
Requirements Engineering – Technischer Erkenntnisgewinn
4. Statik, Dynamik und Logik des Systems (T & P)

Angebotserstellung
Requirements Engineering – Problemstellung

		6. Spezifizierung von Kollaborationen (P)
	Requirements Engineering – Technischer Erkenntnisgewinn	
		4. Statik, Dynamik und Logik des Systems (T & P)

		Wareneingang und Prüfung
	Business Engineering – Organisationsebene	
		6. Praxistauglichkeit (T & P)
	Requirements Engineering – Problemstellung	
		1. Problem- anstelle Lösungsbeschreibung (T)

		Rückübermittlung von Informationen
	Business Engineering – Systemebene	
		8. Rückübermittlung von Informationen (T & P)
	Requirements Engineering – Problemstellung	
		5. Benennung der Akzeptanzkriterien (P)

		Produkterstellung
	Business Engineering – Organisationsebene	
		5. Prozessendpunkte benannt (T)

Sachverzeichnis

Adaptivität 161
Akzeptanzkriterien
   Must have 116
   Nice to have 116
   Should have 116
Ampeldarstellung 86
Anforderung
   Management 9
   Problem 98
   Ursache 98
Anwendererzählung 114
Anwendungsfall 114, 126
API 78
Architektur
   Client-Server 76
   Multi-Tier 76
   SOA 76
   Webbasiert 76
B2B 79
B2C 79
Battle Card 80
Black Box 78
Blueprint 100
Compliance 56, 108, 136
CRM-Transferpotenzial .. 10, 174
Customizing 146
Datenfluss 26
DMS 76
Emergenz 120
Fit-Gap-Analyse 80, 89, 122
Geschäftskonzept 108

Herangehensweise
   Basiskonsens 57, 88
   Bottom-up 52
   Top-down 52, 56
Informationsart 66
Informationsfluss 26
Informationskette 64
Informationskriterien 70
Informationsobjekte 26
   Aktionen (aktiv) 26
   Ereignissen (passiv) 26
Interoperabilität 78, 161
ISO 9001:2015 52
Kollaboration 118
Komplexität 6
Kontextadaption 88, 108
   adäquat 90
Konzept 100
Kooperation 118
Lastenheft 100, 126, 130
MDM 79
Mobilität
   Enterprise Mobility 74
   In Bewegung 74
   Mobil 74
   Offline-Verfügbarkeit 72
   Stationär 74
   Verteilt 74
Modellierungssprachen 100, 126
Multidimensionalität 44

Non-Governmental
   Organisations............................ 80
Non-Profit Organisations 80
Paradigma
   Business Analysis................191
   Business Engineering...... 8, 21,
      59, 86, 178, 189, 192
   Programmierparadigma ...148
   Qualitätsmanagement.........195
   Requirements Engineering.. 9,
      178, 189, 195
   Requirements Management
     194
   Software Engineering.........193
   Strategic Alignment.............196
Pflichtenheft........... 100, 126, 130
   ANSI/IEEE Std 830-1998.130
   Gliederungsschema.............130
Proof of Concept
   Mock-up 94
   Prototyp 94
   Wireframe 94
Prozess.. 22
   deterministisch 22
   indeterministisch 22
   Prozesslandkarte 52
   Prozessogramm 54
   stochastisch 22
   Trigger 30
   Unschärfe............................40, 86
   Unterprozess....................34, 38
RACI 46
Richtlinie 88, 136

Administrations- und
   Steuerungsrichtlinie.......147
Architekturrichtlinie 147
Einführungsrichtlinie..........147
Entwicklungsrichtlinie.......147
Gestaltungsrichtlinie...........147
Haushalts- und
   Finanzrichtlinie 147
Richtlinie für den Post-GoLive
   und die Wartungsphase
  147
Richtlinie für den
   Softwaretest......................147
Richtlinie für die
   Anforderungsaufnahme
  147
Richtlinie für die
   Machbarkeitsstudie 147
Sicherheitsrichtlinie 147
Schnittstelle
   API..78
   Bussysteme..........................78
   REST 78
   Webservice..........................78
Scope 180
Scorecard.................................122
Shit-in-Shit-out..........................51
SPOT (Single Point of Truth) .62,
   78
Stakeholder 50, 57, 108, 180
Störwirkung........................60, 78
Swimlane..............................48, 70
Template....................................88
Vorgang

213

explizit 70
implizit 70, 106
Vorstudie (engl. Pre-Study) .. 180
Machbarkeitsnachweis 92
Machbarkeitsstudie 80, 181
Strukturiert 181
Unstrukturiert 181

Wertschöpfungskette 54, 64
Wertschöpfungsprozess 86
Wertschöpfungsziel 56
Wissensdatenbank 72
Wissensmanagement 106
Workflow 76, 82
Workshop 56, 70, 95, 141

Notizen